cómo org
FIEST.
PARA N

T. Ferroni - M. Lironi

cómo organizar
FIESTAS
PARA NIÑOS

EDITORIAL DE VECCHI, S. A.

Para Philippe y Bénédicte.

Traducción de M. Àngels Pujol i Foyo.

Dibujos de M. Ameli.

© Editorial De Vecchi, S. A. 2000
Balmes, 247. 08006 BARCELONA
Depósito Legal: B. 11.250-2000
ISBN: 84-315-2391-3

Índice

Introducción

Los adultos olvidan a menudo la importancia del placer de la espera, esa angustia sutil y expectante que invade a todos los niños cuando se acerca un acontecimiento. Esta sensación que les hace anticipar la alegría, que les hace estar tan nerviosos que no consiguen dormirse la vigilia y que hace que se despierten por la mañana y salgan corriendo para despertar a sus padres por miedo a haber dormido demasiado y perdido una parte del día en el que han pensado tanto y que se imaginan extraordinario e inolvidable.

El éxito de una fiesta para niños depende de los preparativos y de las actividades que se proyectan para que todos los participantes se sientan a gusto.

Pero puesto que los niños están tan implicados a nivel emocional, ¿por qué no participan también en los preparativos, haciendo que se sientan realmente una parte importante de un acontecimiento que les concierne?

No debemos emplearlos sólo en tareas secundarias, como desplazar las sillas de una habitación a otra sino que, según la edad, podemos confiarles también labores que precisan más atención y que pueden realizar acompañados.

Por ejemplo, si hemos previsto enviar invitaciones, no debemos conformarnos con hacer que el niño rellene unas que ya estén preparadas, sino que podemos aprovechar la ocasión para pasar un rato con él y prepararlas juntos: será suficiente con un poco de papel, un par de tijeras y rotuladores.

No nos debe refrenar el miedo de ver un par de tijeras entre las manos de un niño, o el pánico ante los desastres que podrían causar los rotuladores y la pintura: bajo nuestra vigilancia, podrá manipular las tijeras de punta redonda sin ningún peligro y aprender a dibujar y a pintar sin manchar nada. A los más mayores, bastará con explicarles cómo tienen que actuar, limitándonos a dar consejos si lo preguntan.

Esto es válido también para las decoraciones, las tarjetas personales, etc. En la cocina, se debe vigilar y mantener a los más pequeños alejados de los fogones, pero sacaremos provecho de sus ganas de trabajar en las fases de preparación: obtendrán una gran satisfacción y su grado de autonomía se verá reforzado.

En una fiesta para niños, la contribución de los adultos es de todos modos determinante. El trabajo de prevenir cualquier riesgo para los pequeños invitados desenfrenados recae sin duda sobre los adultos, así como la tarea de organizar todas las fases de la fiesta, desde la merienda a los juegos, teniendo en cuenta la edad media de los participantes, de forma que nadie se sienta excluido.

En general, cuando los niños se reúnen, el desorden aparece de inmediato, provoca gritos y risas y, sea cual sea la razón de la fiesta, lo que cuenta es que se diviertan; pero si se quiere que la celebración tenga éxito y que todo vaya de la mejor forma, la reunión tiene que estar organizada, en la medida de lo posible, hasta los más mínimos detalles (pero sin exagerar).

Este libro ofrece justamente una serie de consejos sobre las decoraciones, los alimentos a preparar, las bebidas a ofrecer y los juegos a organizar, considerando tres franjas de edad: hasta los seis años, de seis a nueve y de nueve a doce. Lejos de prever la fiesta como una serie frenética de juegos movidos, con una panda de niños extenuados, hemos escogido la alternativa de juegos de acción y otros más tranquilos que se pueden modificar a gusto de cada uno, para evitar los embarazosos paréntesis de silencio o, peor todavía, de aburrimiento. Para no quitarle a la fiesta su espontaneidad natural, será necesario dejar espacio para la creación y el espíritu de iniciativa de los participantes, que podrán sugerir variantes en los juegos, más o menos largos según la acogida que reciban.

El papel de los adultos depende de su apreciación: a los más pequeños les gusta que los adultos jueguen con ellos, pero si su participación se ve forzada, los niños lo notan; los más mayores, al contrario, aceptan con placer la intervención de los adultos, pero rechazan las que consideran demasiado invasoras.

La participación no deseada de los adultos se tiene que limitar a los momentos de cansancio, y deben tener como objetivo conciliar los intereses de todos, en particular cuando la fiesta reúne a niños de distintas edades.

Los preparativos

La organización de la fiesta

Cuando ya se ha establecido el número de invitados, se puede hacer una simple llamada telefónica o enviar una tarjeta de invitación.

A continuación, tendremos que preocuparnos de acondicionar la habitación en la que se desarrollará la fiesta, teniendo en cuenta un lugar para realizar los juegos y otro para recibir a los eventuales acompañantes. Luego se tendrán que decorar.

El siguiente paso será preparar la mesa a la que se sentarán los niños para la merienda; más tarde, establecer el menú y, para acabar, pensar en la organización de los juegos.

A partir de la página 14, se encuentran las indicaciones que aportan una solución a cada una de esas cuestiones; en este apartado, nos conformaremos con algunas consideraciones generales.

■ El lugar

La elección nos tiene que llevar a escoger habitaciones poco alejadas del baño donde los niños, sobre todo los más pequeños, tienen que poder dirigirse con rapidez y a veces incluso con urgencia, puesto que aguantan mucho, ocupados en sus juegos... hasta que es demasiado tarde.

Así pues, se tienen que evitar los locales de dos plantas o las habitaciones a las cuales se accede a través de un tramo de escaleras e intentar proteger, aunque sólo sea con una sencilla planta, los ángulos, las partes puntiagudas o las tapias bajas.

Si las puertas tienen vidrieras, se tienen que dejar abiertas. En cambio, se cerrarán siempre las ventanas, sobre todo las que son muy bajas.

Es necesario, aunque está claro que se debe evitar fumar, airear las habitaciones evitando las corrientes de aire, que pueden ser peligrosas si los niños han tenido calor: aunque el desarrollo de la fiesta sea tranquilo, existe siempre una cierta animación, sobre todo para los juegos más entusiastas.

El centro de la habitación tiene que estar despejado: lo mejor es colocar los muebles contra las paredes y hacer desaparecer la televisión, las revistas y los juguetes que podrían llamar la atención de los más perezosos, impidiéndoles integrarse en el grupo; si los juegos necesitan un acompañamiento musical lo único que se puede dejar es el equipo de música.

Si no se dispone de otro lugar para acoger a los acompañantes, se pueden colocar el sofá y los sillones en un rincón. Si desde la habitación se tiene acceso a un balcón o a una terraza, hay que hacer desaparecer todo lo que podría facilitar que los niños se asomaran a la barandilla. Si la fiesta se desarrolla en un jardín, se tienen que guardar las herramientas de jardinería, como los rastrillos, con los que es muy fácil tropezar. También hay que controlar los grifos y las instalaciones de riego: el agua es un elemento que atrae a los niños.

◾ Hacer de anfitrión

Puesto que la fiesta es de los niños, son ellos los que tienen que recibir a sus amigos. Pero lo más probable es que, en particular los más pequeños, lleguen acompañados de adultos que, si se quedan, querrán ser útiles: lo mejor es dejar que echen una mano quitando los abrigos a los niños y colgándolos, o distribuyendo los pasteles y las bebidas a la hora de merendar. Si lo desean, pueden participar también en los juegos. O, simplemente, quedarse y charlar entre ellos.

Con los más pequeños a menudo aparecen las lágrimas; por una tontería, una contrariedad insignificante, el hecho de perder o un premio que no gusta, se puede desencadenar un pequeño drama que es necesario saber afrontar y resolver. No es nada fácil, sobre todo si los invitados son muchos, pero lo importante es que todo el mundo se sienta atendido. Aunque tenga la impresión de que nadie le escucha, es necesario recordar a los niños que tienen que comportarse correctamente y controlarse, sobre todo en los juegos de acción, durante los cuales el espíritu de competición los lleva a colocarse delante incluso apartando a los más pequeños. El desarrollo correcto de la fiesta depende de estas pequeñas precauciones pero, para obtener un gran éxito, todavía se tienen que añadir algunas cosas más.

■ La mesa

Es mejor sentar a los niños alrededor de una mesa en el momento de merendar para evitar que dejen caer la comida al suelo o que vuelquen el contenido de su vaso, que no debemos llenar; si a pesar de ello sucede esta contrariedad, es necesario limpiarlo enseguida y no sólo por razones de higiene, sino para evitar que cualquier niño resbale. Una gran provisión de servilletas de papel ayudará a ser eficaz en este tipo de operaciones, que no afectan sólo al suelo, sino que también pueden revelarse útiles para una limpieza rápida de los dedos y de las bocas y de todo lo que pudiera presentar restos de migas. No existe ninguna razón para dejar objetos peligrosos sobre la mesa: la merienda no tiene que implicar el uso de cuchillos, que sólo los adultos utilizarán para cortar el pastel y que llevarán enseguida a la cocina; por la misma razón, tampoco son convenientes los centros de mesa con velas encendidas; incluso las tradicionales velas del pastel de cumpleaños sólo se tienen que encender en el último momento y apagar enseguida mediante una buena dosis de soplos y en medio de un coro de felicitaciones.

■ Las decoraciones

Se trata de todo aquello que sorprende y atrae la atención: las decoraciones que crean al mismo tiempo intimidad y decoran, los adornos colocados con gusto, sin olvidar la presentación agradable de la merienda, también forman parte de la fiesta. Papel crepé, guirnaldas de anillos de papel y decoraciones diversas tienen que colocarse lo suficientemente altas para no estar a la altura de los participantes en la fiesta.

Si quiere hacer usted mismo los objetos decorados, se encuentran fácilmente vajillas de todas las formas y materiales, sencillas de combinar y que permiten múltiples creaciones. El problema en estos casos es escoger. ¿Una idea? Se pueden reproducir los elementos de decoración del mantel, transformando los platos en abejas, en peces, en setas o en lo que se quiera.

Las invitaciones

Las invitaciones pueden ser de lo más fantasiosas y coloreadas que existan, pero tienen que incluir siempre un espacio vacío o un lado entero que se obtiene doblando sencillamente el papel en dos, sobre el que se tiene que escribir la invitación.

La nota tiene que completarse con las siguientes indicaciones:

— fecha (día de la semana y mes), por ejemplo: miércoles 15 de abril;
— hora: a las... horas;
— dirección: calle........., n.º......, en...... (ciudad).

Se puede terminar con un breve saludo y la firma, que se tendrá que escribir en lugar del niño si este es muy pequeño, pero imitando su escritura.

Material necesario

✗ cartón blando blanco, regla, lápiz y tijeras
✗ cola vinílica
✗ pajita (o pincel plano n.º 10 o 12)
✗ pinturas de agua

Con punteados

PRIMERA VERSIÓN

Cortaremos las pajitas en trozos de 8 cm de longitud aproximadamente y taparemos uno de sus extremos con cola; dejar secar.

Con la regla, el lápiz y las tijeras, recortaremos pedazos de cartón de 10 × 8 cm.

Dibujaremos en cada uno de ellos un animal, una fruta o el signo del zodiaco del protagonista de la fiesta.

Seguidamente, mojaremos el lado obstruido de la pajita en la pintura (una para cada color) y a continuación colorearemos el dibujo con puntos. Podemos dejar el fondo blanco o, por el contrario, pintarlo y dejar el dibujo en blanco. De este modo obtendremos un efecto parecido al de un mosaico muy elegante.

Al final, escribiremos el mensaje de invitación indicando la fecha, la hora, etc.

SEGUNDA VERSIÓN

Recortaremos los contornos de una silueta muy estilizada en el cartón (una pelota, una castaña, un velero, etc.) que se utilizará como modelo.

Colocaremos el modelo sobre las tarjetas de invitación y lo colorearemos. Para estar seguros de que la tinta no se corre, haremos tantos modelos como invitaciones haya y dejaremos que el color se seque antes de desplazarlo.

También se puede utilizar el modelo para dibujar el contorno de la figura sobre la invitación y enmarcarla luego con un color adecuado. De este modo

se obtiene un efecto de «impresión neutra». En este caso podemos emplear tantos modelos como invitaciones haya que hacer coloreando directamente el exterior. Los modelos deberán separarse cuando el color se haya secado.

Abstracto

PRIMERA VERSIÓN

Colorearemos las hojas de papel para fotocopiadora como más nos guste o bien utilizaremos una esponja ligeramente mojada. Mientras el papel está todavía húmedo, colocaremos el plástico debajo y lo dejaremos reposar hasta que las hojas de papel estén completamente secas. A continuación, desprenderemos el plástico con cuidado.

Con una regla, un lápiz y unas tijeras, podemos recortar las hojas para obtener invitaciones del tamaño de un sobre.

Sobre el lado blanco escribiremos el texto de la invitación, sin olvidar la fecha, el lugar, el saludo y la firma.

SEGUNDA VERSIÓN

Romperemos o recortaremos pequeños trozos de papel de seda y, alternando los colores, los uniremos al azar o siguiendo un cierto orden sobre la hoja de papel. Seguidamente, pasaremos una esponja húmeda sobre los pequeños pedazos de papel de colores evitando desplazarlos. Al cabo de unos segundos, desprenderemos suavemente los pequeños pedazos de papel de seda. Veremos cómo han dejado su huella impresa sobre la hoja creando composiciones originales de formas y colores. Recortaremos las hojas de forma que se puedan doblar por la mitad y quede la parte coloreada por el exterior.

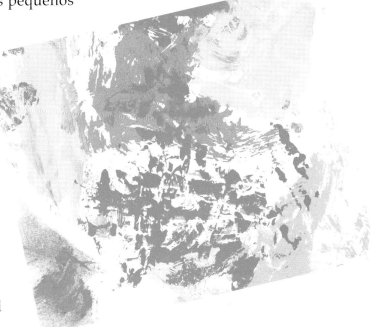

¿Qué opinión te merece mi cuadro?
¡Estoy impaciente por saberlo!
Te espero el sábado 21 de febrero a las 17.00 h.
Calle ...   ¡Hasta pronto!

P.S.: Olvidaba decirte que además de mi pintura hay una ¡SUPERFIESTA!

Nada más queda escribir dentro el texto de la invitación, haciendo alusión, si se desea, al cuadro «abstracto» que se ha creado, sin olvidar la despedida y la firma.

Con una sorpresa

Utilizando un compás, una regla y un lápiz, dibujaremos un semicírculo sobre un cartón que quepa en un sobre (fig. a) y lo recortaremos.

Doblaremos por la mitad, siguiendo el diámetro, y pegaremos los bordes para unir las dos caras o utilizar cinta adhesiva (fig. b).

A continuación, recortaremos la punta del ángulo para obtener un pequeño agujero por el que debe pasar una pajita (fig. c).

Sobre una de las caras escribiremos el mensaje de la invitación con un rotulador, indicando el lugar, la fecha y la hora de la fiesta.

Sobre el cartón dibujaremos a continuación la cabeza de un bufón que debe introducirse en el cono. Después de pintarla y decorarla, la sujetaremos con la grapadora o la cinta adhesiva a uno de los extremos de la pajita.

Insertaremos la pajita en el cono y procuraremos que sobresalga por el agujero, de forma que la cabeza del bufón permanezca escondida entre las dos caras del cono.

Con la plastilina haremos una pequeña bola o un aro que debe colocarse a modo de botón sobre la pajita que debe moverse sin salirse del agujero (fig. d).

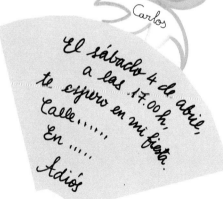

Carlos

El sábado 4 de abril,
a las 17.00 h,
te espero en mi fiesta.
Calle........
En .....

Adiós

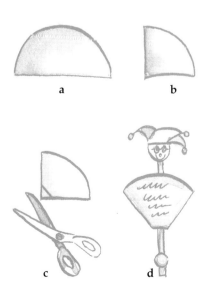

a   b

c   d

Material necesario

✗ cartulina flexible
y clara
✗ regla, lápiz y tijeras
✗ rotuladores

La más incitadora

Recortaremos un trozo de cartulina de formato A4 y la doblaremos a lo largo (fig. a). A continuación haremos tres cortes perpendiculares al pliegue siguiendo las indicaciones de la figura b.

Abriremos la hoja y dibujaremos una gran lengua en el interior de un cuadrado, que deberá pintarse de color negro (fig. c). Daremos la vuelta a la hoja y la doblaremos superponiendo la parte con los cortes con la que aparece la lengua.

Alrededor de los cortes dibujaremos, con un rotulador, un contorno circular: pintaremos algunos detalles (cabellos, orejas, mejillas, ojos, etc.) para formar una cara que será realmente cómica cuando, después de otros pliegues y gracias a los cortes, conseguiremos que algunas de sus partes sean móviles.

Doblaremos el conjunto por la mitad, primero hacia delante, después hacia atrás y luego otra vez hacia delante, pero esta vez doblando hacia atrás el labio superior y la barbilla, y haciendo sobresalir hacia fuera la nariz y el labio inferior. De este modo se verá el fondo negro de la nariz y de la boca, sin olvidar la lengua, que parecerá salir entre los labios.

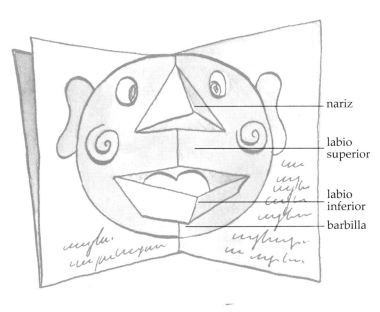

nariz

labio superior

labio inferior

barbilla

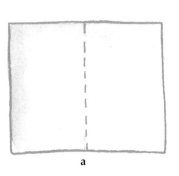

a

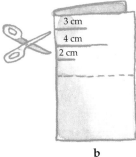

3 cm

4 cm

2 cm

b

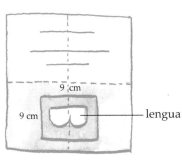

9 cm

9 cm

lengua

c

18

Al lado de esta cara haciendo muecas, hay que escribir un mensaje, como si fuera ella la que hablara: «¿Qué estás esperando para venir a mi fiesta?», o también: «Ha venido todo el mundo; ¿quieres realmente ser el único que falte a mi fiesta?» Debajo pueden escribirse la dirección y los demás datos.

También se puede realizar otro modelo. Basta con dibujar una cara cuadrada, con una expresión totalmente distinta después de haber efectuado un único agujero dentado que debe pintarse con varios colores. Doblando varias veces la tarjeta, se consigue que sobresalgan las partes centrales: por la parte superior, la nariz y, por la otra, el labio inferior, que debe abrirse en una especie de mueca sardónica alrededor de la lengua roja.

El estilo del mensaje tiene que adaptarse a la figura, por ejemplo: «¡Ven corriendo a mi monstruosa fiesta!»

La más dulce

PRIMERA VERSIÓN

Recortaremos el cartón del tamaño que se prefiera. Diluiremos el azúcar glaseado con un poco de agua y untaremos con él la cartulina.

Antes de que la solución se seque, dibujaremos con la pintura de agua algunas siluetas sobre la cartulina; si esta es de colores, la pintura deberá ser de color blanco.

Sobre la cartulina se producen transformaciones casi mágicas: los colores se desplazan, se mezclan entre ellos y crean composiciones agradables.

La dejaremos secar y después la doblaremos, dejando en la parte exterior la zona coloreada y escribiremos en el interior el texto de la invitación con todos los datos necesarios.

SEGUNDA VERSIÓN

Recortaremos la cartulina de color; dibujaremos con un rotulador el diseño escogido (en invierno, por ejemplo, un muñeco de nieve).

Colocaremos por encima una capa muy fina de cola, la espolvorearemos con azúcar y presionaremos con la palma de la mano para que se pegue.

Cuando se haya secado por completo, eliminaremos el exceso de azúcar.

Doblaremos la cartulina y, en el interior, escribiremos las frases de invitación.

La más tierna o la más divertida

Utilizando la regla, el lápiz y las tijeras, recortaremos tiras de cartulina de 60 cm de largo y 30 cm de ancho. Después, doblaremos los extremos hacia el centro, procurando que los bordes estén perfectamente alineados; de esta forma obtendremos una invitación de forma cuadrada que puede abrirse como una ventana.

Abriremos la cartulina y la colocaremos sobre la mesa. Dibujaremos en el cuadrado interior la cabeza y el busto de dos niños y, en el interior de las ventanas, los brazos extendidos como si las estuvieran abriendo. Si se prefiere, se puede recortar el dibujo sobre papel adhesivo y pegarlo luego en la cartulina. Debajo de los dos personajes, escribiremos el texto de la invitación sin olvidar ninguna indicación necesaria (día, hora, dirección, despedida y firma).

A continuación, cerraremos la cartulina y colocaremos sobre las ventanas trocitos de algodón enrollado o, si fuese primavera, pequeñas flores. Si se tratase de una fiesta de disfraces, pueden espolvorearse las ventanas con confeti y dibujar una máscara sobre los ojos de los niños.

La manzana y el gusano

Recortaremos rectángulos de 24 cm de largo y de 15 cm de ancho en la cartulina y los doblaremos por la mitad para formar la invitación.

Sobre uno de los lados exteriores de la invitación, empezando por el pliegue, dibujaremos la silueta de una manzana y una hoja, procurando que la fruta parezca muy real (fig. a).

Recortaremos la silueta empezando por los bordes exteriores y sin cortar el pliegue del cartón (fig. b).

A continuación, recortaremos en el papel para papiroflexia una tira de 20 cm de largo y 4 cm de ancho y un pequeño cuadrado de entre 4 y 5 cm de lado sobre el que se debe dibujar con los rotuladores la cabeza sonriente de un gusano (fig. c).

Sobre el lado exterior de la cartulina, escribiremos con letra muy clara: «En la manzana hay...». Se abre la invitación y, sobre el lado izquierdo, escribiremos lo siguiente «una invitación para ti. Te espero...» y lo acompañaremos de la fecha, la hora, el lugar, el saludo y la firma. Sobre el lado derecho, pegaremos el otro extremo del pequeño acordeón, la cola del gusano (fig. d) y cerraremos la invitación (fig. e).

Cuando se abra de nuevo la tarjeta, el gusano se estirará sorprendiendo al invitado, que a buen seguro tendrá más ganas de venir.

a

b

d

c

e

Ligera como una pluma

✗ cartulina (o papel
para fotocopiadora,
formato A4)
✗ plumas
✗ pinturas de agua
✗ pinceles (o esponja)

Tomaremos algunas plumas pequeñas y prepararemos colores bastante densos para pintar, de
un solo color, un lado de la pluma que debe colocarse sobre la cartulina de color.

Apoyaremos delicadamente la pluma sobre la
cartulina sujetándola fuertemente con un dedo
y la levantaremos con cuidado para que no se
desplace.

Repetiremos la operación alternando los colores para obtener un bonito
efecto cromático. Si la pluma comienza a perder color, volveremos a darle otra
capa.

Cuando los colores estén secos, doblaremos la cartulina por la mitad y, en el
interior, escribiremos el texto de la invitación.

Si disponemos de poco tiempo, puede emplearse una vieja esponja empa-
pada de pintura que deberá lavarse y aclararse cada vez que
deseemos cambiar de color. Podemos mojar toda la superficie de la invitación o sólo un dibujo, que
podremos dejar igualmente en blanco sobre un fondo multicolor.

Las decoraciones

Algunas señales de alegría tienen que estar presentes también en la entrada de la casa. Con un poco de imaginación, toda la habitación puede decorarse con banderitas y personajes divertidos que rodearán a los héroes de la fiesta y sus amigos. Las caras de payasos, por ejemplo, pueden prepararse con platos de plástico o cartón.

La cometa en la calle

Recortaremos en la cartulina dos tiras de 3 cm de ancho, una de 28 cm de largo y la otra de 16 cm de largo (figs. a y b), y cruzaremos la más corta sobre la más larga, a 12 cm del borde, pegándola o grapándola.

Recortaremos un rombo de papel de seda, y lo pegaremos sobre las tiras (figs. c y d). Para obtener una cometa más espectacular se puede utilizar un color diferente para cada tira.

Siempre con papel de seda, recortaremos diversas tiras para pegarlas de manera que formen anillos, haciendo a continuación una cadena multicolor que fijaremos a modo de cola a la cometa (fig. e).

Uno o dos trozos de cuerda fina o de hilo de pescar, grapados en los ángulos estratégicos, servirán para colgar la cometa bien a la vista sobre la puerta de la casa, donde servirá de señalización para los invitados; así, no se equivocarán de puerta.

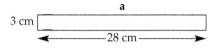

a

3 cm

28 cm

b

3 cm

16 cm

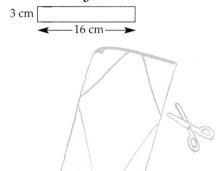

c

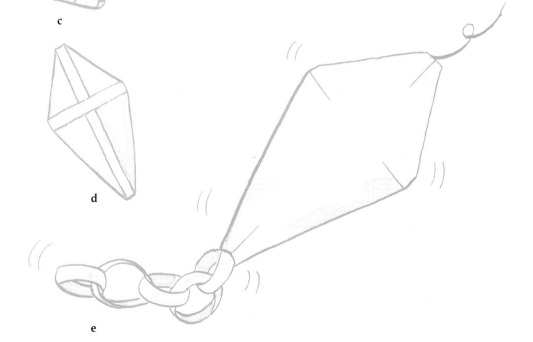

d

e

La serpiente multicolor

Dibujaremos una espiral sobre la cartulina, partiendo del exterior hacia el centro (fig. a).

Con los rotuladores, dibujaremos en el cuerpo de la serpiente muchas escamas de colores y, en medio, la cabeza, con una gran boca y dos ojos enormes.

A continuación recortaremos la figura empezando por el exterior (fig. b) y se practica un agujero en la cola para pasar un poco de hilo, que nos permitirá colgar esta simpática figura que comenzará a moverse en cuanto sople un poco de aire (fig. c).

a

b

c

Los muñecos móviles

Material necesario

✗ cartulina
de distintos colores
✗ lápiz y tijeras
✗ rotuladores
✗ aguja
✗ hilo de pescar
✗ grapadora de grapas
pequeñas

Dibujaremos sobre la cartulina las distintas partes que servirán para montar un personaje que cada cual podrá inventarse: cabeza, tronco, piernas, sombrero, etc., utilizando un modelo o (si se quiere facilitar el trabajo utilizando formas estilizadas) vasos y recipientes.

Recortaremos las distintas figuras y, según los personajes, pintaremos con el rotulador la cara, los vestidos, los botones y cuanto sea necesario.

Uniremos las distintas partes con hilo de pescar, que pasaremos por los agujeros realizados con la aguja: el hilo ha de ser largo, de manera que los muñecos, al colgarlos, puedan moverse ante la más mínima corriente de aire. Para evitar que se descuelguen o se desprenda alguna de las partes, habrá que hacer un nudo en cada cabo.

Si no se dispone de mucho tiempo, también podemos unir las piezas con una grapadora.

27

Material necesario

✗ cartulina de colores
✗ regla, lápiz y tijeras
✗ hilo de coser
✗ hilo de pescar

El molinillo

Dibujaremos sobre la cartulina un cuadrado de 20 cm de lado y recortaremos. A continuación, doblaremos el cuadrado siguiendo una de las diagonales, lo abriremos y volveremos a doblarlo siguiendo la otra diagonal (fig. a). Abriremos de nuevo el cuadrado y, empezando por los extremos, recortaremos las diagonales hasta casi llegar al centro, a unos 8 o 10 cm (fig. b).

Doblaremos las cuatro alas superponiendo las puntas en medio de la figura (fig. c).

Sin romper nada, practicaremos un agujero en el centro y pasaremos el hilo de coser para bloquear las alas o, si se prefiere, el hilo de pescar, haciendo un nudo, para colgar el molinillo.

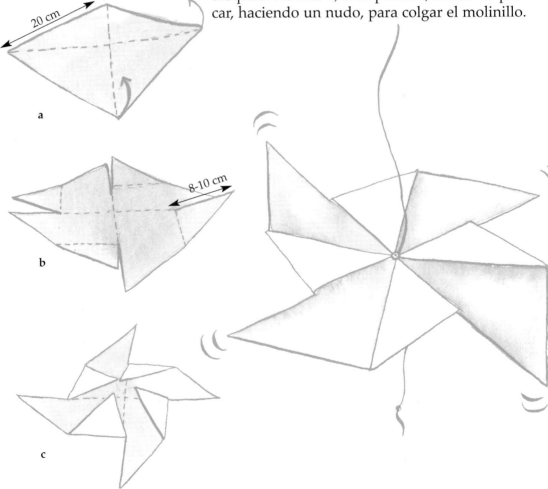

a

b

c

Las máscaras simpáticas

Dibujaremos, sobre la cartulina o sobre el papel escogido, los ojos, la nariz, la boca y los cabellos, la corbata o el lazo y todos los demás detalles que queramos.

Los recortaremos y, colocándolos de la mejor forma posible, los pegaremos en el plato.

Con un punzón practicaremos un pequeño agujero en el borde de cada plato por el que haremos pasar el hilo de pescar o la cinta adhesiva para colgarlo donde mejor parezca y... ya está.

Cuando la fiesta haya terminado, cortaremos los hilos, haremos dos agujeros a los lados, colocaremos una goma elástica y las regalaremos a los invitados.

Para una fiesta de puntos

Dibujaremos sobre el papel de colores, utilizando el compás o un recipiente, círculos de 8 cm de diámetro y los recortaremos.

Combinaremos los colores de manera que se obtenga el máximo efecto, y agrupamos los discos de tres en tres.

Sobre el borde del primer disco, se pasa un hilo de 25 cm de largo con una aguja y, en los otros, un hilo de 20 cm.

A continuación, colocaremos los tres discos situando el que tiene el hilo más largo en el centro.

Ataremos los hilos a los extremos y al centro de una pajita para colgarla. De este modo, la estructura se moverá ante la más mínima corriente de aire y tendremos la impresión de ver puntos gigantes que se desplazan.

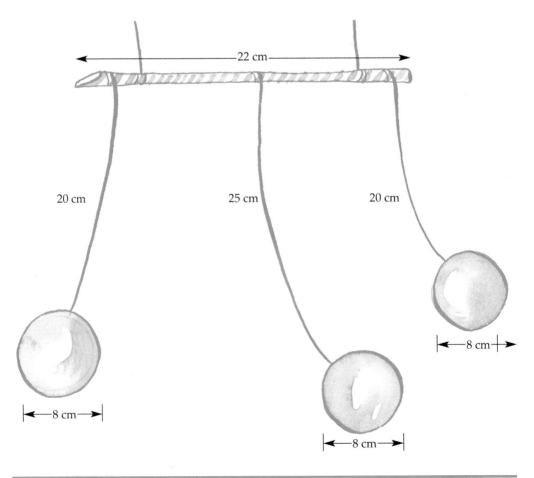

Los manteles

El mantel embellece la mesa y la hace más acogedora, sobre todo si se aviene con los platos, las servilletas y con el clima de la fiesta.

Después de descartar el lino para los manteles, ya podemos dejar de preocuparnos por las manchas, sobre todo si se prefiere el papel a la tela. Se puede escoger papel de embalar blanco y decorarlo con la técnica del frotado, que consiste en dar una mano de color por encima del objeto que se desea estampillar, de manera que quede marcada su silueta. Este método permite utilizar, por ejemplo, hojas vegetales reales. Resulta barato y, con un mínimo de talento artístico, se puede conseguir un mantel con mucho encanto.

Un banquete espectacular

Antes de empezar, indicaremos las zonas que deberán decorarse y luego colocaremos una hoja bajo el mantel con las nervaduras hacia arriba. Sobre el mantel, en el lugar correspondiente a la hoja, pasaremos un lápiz pastel en sentido horizontal —si bien deberemos eliminar primero el papel que lo rodea— frotando vigorosamente. Después de varias pasadas, se formará sobre el mantel la imagen de las principales partes de la hoja. Repetiremos varias veces el proceso hasta decorar por completo el mantel con un único color o utilizando diversas gamas cromáticas.

Dibujaremos en la cartulina o en papel de papiroflexia un semicírculo, recortaremos y formaremos un cono pegando los extremos.

Recortaremos la punta del cono y dibujaremos dos ojos y una boca en la parte delantera.

Colocaremos el cono sobre el vaso y una pajita en el agujero y escribiremos a continuación el nombre de cada invitado sobre el vaso.

Por último, doblaremos las servilletas de papel en forma de hoja.

El fondo del mar

Prepararemos los colores muy diluidos, se moja un pincel en uno de ellos y se dejan caer algunas gotas a lo largo del borde del mantel. Repetiremos el proceso hasta haberlos aplicado todos.

Utilizando una pajita, soplaremos sobre las gotas de color: como por arte de magia se moverán en distintas direcciones formando una mezcla que recordará a los corales y las algas según los colores empleados.

Completaremos el borde añadiendo pequeños peces que animarán la escena.

Recortaremos unas pinzas de cangrejo en el papel de color naranja y luego colocaremos en los vasos sobre los que deben pintarse dos grandes ojos bien abiertos y sonrientes. Los vasos se habrán convertido en cangrejos que harán juego con el mantel. Doblaremos las servilletas en acordeón y las sujetaremos con una grapa, de manera que al abrirlas en abanico parecerán conchas y combinarán perfectamente con el resto de la decoración.

El verde prado

Recortaremos tres cuadrados de 10 cm de lado en el papel amarillo y los doblaremos en forma de acordeón.

Doblaremos en dos las tiras obtenidas y la sujetaremos el punto de pliegue con una grapadora. A continuación, las graparemos hasta conseguir una flor.

Recortaremos pequeños discos en el papel naranja y los colocaremos en el centro de las flores.

Las mariposas se obtienen de la misma forma, si bien debe utilizarse papel negro para el cuerpo, que se pegará bajo el abanico.

Pegaremos las flores y las mariposas por el reborde del mantel y también por encima de la mesa con la cinta adhesiva de doble cara.

Recortaremos en el papel rojo unos círculos sobre los que engancharemos puntos negros que pueden obtenerse con una taladradora de oficina y una lámina de papel negro. Por último, colocaremos las mariquitas sobre los vasos, a los que también podemos añadir una hoja en donde habremos escrito el nombre del invitado.

Las servilletas pueden doblarse en forma de triángulo antes de colocarlas en los vasos.

Manzana y verduras impresas

✗ un mantel de papel blanco
✗ servilletas amarillas
✗ vasos de cartón
✗ una patata
✗ una manzana
✗ el corazón de una lechuga
✗ pinturas de agua y pinceles
✗ cartulina verde
✗ cinta adhesiva de doble cara
✗ lápiz, tijeras y grapadora

Prepararemos una plantilla de cartulina con una forma fácil de realizar, como, por ejemplo, un corazón, una pequeña pelota, etc.

Cortaremos la patata por la mitad y colocaremos encima la plantilla. Marcaremos los bordes con un pequeño cuchillo para que la plantilla en cuestión se desprenda medio centímetro del resto de la patata.

Prepararemos la pintura roja, muy espesa, y pintaremos el reborde para obtener un tampón con el que se podrá decorar el borde del mantel. Cuando la impresión empiece a palidecer tendremos que untar de nuevo el tampón.

Cortaremos el corazón de la lechuga, lo pintaremos de rosa o fucsia y lo aplicaremos sobre el mantel para obtener capullos de rosa que pueden completarse con un tallo verde y espinas.

Cortaremos la manzana en dos y pintaremos el interior de color rojo. De este modo, podemos estampar grupos de manzanas maduras con las que rellenar los cestos que se habrán pintado previamente.

Enrollaremos las servilletas de papel amarillo para realizar una tira que debe enrollarse sobre sí misma y sujetarse con la grapadora.

Con las tijeras recortaremos dos cuernos en el extremo no enrollado y pintaremos sobre cada uno los ojos negros de un caracol.

En la cartulina verde, dibujaremos el follaje de un árbol, lo recortaremos, escribiremos el nombre de un invitado y colocaremos sobre un vaso con cinta adhesiva de doble cara.

El toque final pueden darlo dos ojos y una boca sonriente dibujados sobre el follaje. Si se desea, pueden pintarse dos hojas a los lados que parezcan dos manos que saludan.

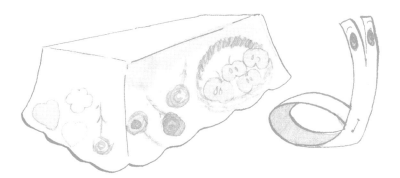

Centros de mesa, tarjetas personales y pequeños recuerdos

Se pueden colocar centros de mesa, por ejemplo un vaso de flores de papel, tarjetas como un cocodrilo sujetapapeles, que alegrarán la mesa y se podrán ofrecer a los invitados al final de la fiesta como recuerdo.

El jarrón de flores

Doblaremos por la mitad el papel para papiroflexia y dibujaremos flores o grandes hojas que pueden copiarse de las plantas del apartamento.

Colocaremos fieltro sobre las dos hojas y agujerearemos los contornos del dibujo con un punzón.

Recortaremos el papel siguiendo los puntos para separar las dos partes del dibujo.

Insertaremos la punta de un bastón entre las dos partes y las pegaremos. De esta forma obtendremos una flor o una hoja con un tallo de madera sobre el que podemos realizar un bonito nudo con la cinta adhesiva.

El ciempiés con sorpresas

Para empezar, colocaremos las copas en fila, como si se tratara de un ciempiés.

Para realizar la cabeza, pegaremos a la primera copa de la fila otra más donde dibujaremos una nariz y una boca y pegaremos dos grandes ojos y las antenas, que obtendremos cortando dos espirales de la cartulina.

Pegaremos dos pies a cada copa recortados de la cartulina que se ha utilizado para las antenas y se sujetan con cinta adhesiva de dos caras.

El centro de la mesa será todavía más atractivo si en cada una de las copas colocaremos algunos paquetes, adornados con un lazo y en los que los invitados encontrarán un pequeño obsequio o caramelos. Cuando la fiesta ya haya terminado se podrá regalar una copa a cada niño.

El cocodrilo

Desmontaremos las pinzas de tender ropa, pintaremos el interior en rojo y lo dejaremos secar. A continuación pintaremos de color verde la parte exterior y la dejaremos secar de nuevo.

Sobre la parte donde se presiona para abrir la pinza, pintaremos dos ojos negros y, cuando estén secos, pasaremos una capa de barniz transparente.

Dejaremos que se seque bien antes de unir de nuevo las pinzas. Recortaremos cuadrados de cartón rígido de 7 a 8 cm de lado donde figurará el nombre del invitado acompañado con un pequeño dibujo en una esquina, que puede ser una mariposa, una cereza, una pequeña flor, etc.

Una vez preparada la tarjeta, la regalaremos a nuestros invitados.

Las tarjetas

PRIMERA VERSIÓN: EL MAGO Y EL HADA

Trazaremos un triángulo de base redondeada en el cartón, lo recortaremos y lo pegaremos formando un cono donde dibujaremos la cara sonriente de un mago o

de un hada. A continuación colocaremos una mano redonda a cada lado y con un retal confeccionaremos un sencillo vestido para decorarla.

Escribiremos en la base de cada cono el nombre de un invitado.

SEGUNDA VERSIÓN: EL OSITO

En una cartulina del color adecuado, dibujaremos la silueta de un osito y se reproduce sobre otro pedazo de cartulina. Pegaremos las dos siluetas entre sí, dejando una abertura donde colocaremos una pequeña tarjeta blanca en la que se habrá escrito el nombre del invitado. Con el rotulador dibujaremos los ojos y las líneas de las patas y de las orejas, y colocaremos una nariz de cartón negro. Con pequeños restos de tela, prepararemos corbatas para colocar a los ositos de los niños y pequeños lazos para los de las niñas. Los ositos no se mantendrán de pie por sí solos, sino que deberán apoyarse contra los vasos o pegarlos con cinta adhesiva.

TERCERA VERSIÓN: EL GATO Y EL CARACOL

Recortaremos unos rectángulos de cartulina con dos lengüetas (figs. a y b) y doblaremos por la mitad, procurando que coincidan las lengüetas. En la parte delantera dibujaremos un personaje de líneas sencillas, como un gato o un caracol. Con un rotulador daremos los últimos toques al dibujo y escribiremos el nombre del invitado.

Colorearemos el personaje y lo recortaremos dejando las lengüetas y la parte doblada intactas. Por último se añaden los detalles: los bigotes de hilo de seda o de lana para el gato o las antenas hechas con dos tiras finas de cartón para el caracol. Doblaremos las lengüetas hacia dentro, procurando que coincidan, y las pegaremos. La tarjeta se mantendrá en pie por sí misma.

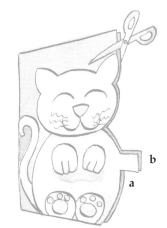

UNA VARIANTE

Trazaremos la silueta de un animal con líneas sencillas. Con algún retal confeccionaremos una corbata o una cinta que le darán un aspecto más desenfadado. Entre las patas del animal colocaremos una pequeña tarjeta que lleve el nombre del invitado.

Material necesario

✗ piedras lisas,
ovaladas o redondas
de entre 6 y 7 cm
✗ pinceles
✗ pinturas de agua
✗ cola
✗ barniz transparente

La mariquita de piedra

La mariquita es un elemento sencillo pero de gran efecto, con sus colores naturales o realizada en colores de fantasía, a la que se puede añadir dos pequeñas antenas de papel.

A la hora de pintarla, habrá que procurar que los colores sean muy intensos y que la cara sea alegre, con unos ojos grandes y una boca sonriente.

Para que el trabajo sea completo, colorearemos la base de la piedra. Para ello, es preciso dividir la tarea en dos tiempos, dejando secar la parte superior antes de colorear la inferior (o viceversa). Cuando ya esté lista, podemos dar una o dos capas de barniz transparente a la piedra para que brille.

Material necesario

✗ cartón de color
bastante rígido
✗ lápiz, regla y tijeras
✗ cinta adhesiva
de doble cara
✗ cámara fotográfica
Polaroid

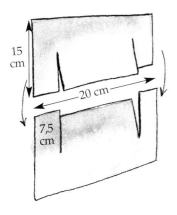

La fotografía de grupo

Para cada una de las fotografías, recortaremos dos rectángulos de cartón de 20 × 15 cm aproximadamente. A 2 cm del borde de los lados cortos, practicaremos dos cortes de 7,5 cm que servirán para unir los dos cartones. Con la Polaroid pueden hacerse tantas fotografías como invitados haya; de este modo, con la cinta adhesiva podrá colocarse cada una sobre un cartón y doblar un poco las aletas para que el portafotografías se mantenga en pie. Una vez listos, colocaremos todos los marcos sobre un mueble, por ejemplo, y, en el momento de la despedida, los ofreceremos como regalo a cada uno de los invitados.

✗ *cámara fotográfica Polaroid*
✗ *cartulina*
✗ *rotuladores*
✗ *cola*
✗ *lápiz, regla y tijeras*

La fotografía individual

Con la Polaroid, haremos una fotografía a cada uno de los invitados. Una vez listas, prepararemos una tarjeta para cada una de ellas, procurando que sean 2 o 3 cm más grandes.

Cuando estén preparadas, pegaremos las fotos encima dejando el mismo margen en cada lado.

Sobre el marco de la tarjeta, dibujaremos una pequeña nube con un pequeño comentario o una pequeña frase en función de la foto.

De este modo, cada niño tendrá un recuerdo inolvidable de esta fiesta.

La visera

Sobre una cartulina dibujaremos una visera siguiendo las indicaciones de la figura a y la recortaremos.

Con la aguja de hacer punto, se practicarán dos agujeros por los que se pasará el hilo elástico. Sobre la cartulina, dibujaremos el morro de un animal (conejo, oso, gato, etc.) al que añadiremos los ojos, la nariz, la boca, bigotes, etc., recortados en papel para collage o de papiroflexia. En la cartulina, dibujaremos unas orejas adecuadas (en la figura b tenemos las de un conejo), dejando en la base un margen de algunos centímetros para que se pueda doblar o pegar.

Después de colocar un morro en la parte delantera, pegaremos las orejas y pasaremos el hilo elástico por los agujeros, anudándolos en cada extremo. En uno de los lados de la visera, con el rotulador, escribiremos el nombre del destinatario del regalo ofrecido.

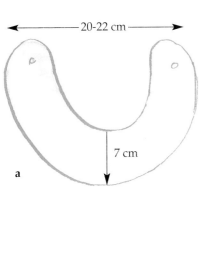

20-22 cm

7 cm

a

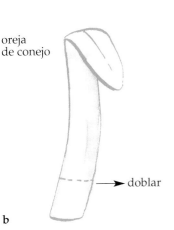

oreja de conejo

doblar

b

Broches y medallones

La preparación precisa un poco de tiempo (por lo menos quince días).

Para empezar, amasaremos la plastilina y prepararemos una capa de medio centímetro de grosor. A continuación troquelaremos en ella círculos y otras figuras como corazones, casitas, flores, etc., y los perfilaremos con una espátula o un dedo mojado en agua. En los círculos, en cambio, utilizando un lápiz y corrigiendo con la espátula las deformaciones eventuales, haremos un agujero cerca del borde.

Seguidamente, pasaremos un imperdible por el centro de la pieza y la dejaremos secar durante unos días en una habitación aireada pero no muy caliente.

Cuando los objetos estén secos, pueden pintarse con pintura de agua y darles una capa de barniz transparente.

Nada más queda pasar una cinta por el agujero de las medallas.

La merienda

Conviene que los niños se diviertan jugando a ser aprendices de cocineros o pasteleros, puesto que de esta forma aprenden a manipular los alimentos y se familiarizan con la cocina.

Pero para que la experiencia sea educativa y la cocina no se desordene demasiado, es preciso que no haya más de cuatro niños en ella. Se trata de sus tareas muy precisas y sencillas, y bajo ningún concepto deben emplear cuchillos o electrodomésticos.

También se les tiene que mantener alejados del horno o de los recipientes todavía calientes e impedirles que abran la nevera con las manos húmedas.

Las recetas que se presentan a continuación han sido preparadas pensando en cuatro o cinco comensales.

Ingredientes necesarios

✗ pequeños panecillos tostados
✗ 200 g de jamón de York en una única rodaja gruesa
✗ una caja de queso cremoso en porciones
✗ palillos
✗ restos de cartón
✗ una hoja de papel de seda o para collage, de color
✗ cinta adhesiva y tijeras

Barquitos de jamón

Cortaremos el jamón en dados y lo pondremos en la picadora junto con el queso para obtener una pasta cremosa y homogénea con la que untaremos abundantemente cada uno de los panecillos, que pueden servirse en una bandeja.

• Si se desea dar un carácter festivo al plato, pueden colocarse unas banderitas de papel de seda de colores y sujetas con cinta adhesiva a los palillos. De este modo, cada barquito tendrá un bonito mástil.

Tostadas compuestas

Ingredientes necesarios

✗ pan de molde
✗ mayonesa
✗ salsa verde
✗ ketchup
✗ variantes

Cortaremos las rebanadas de pan de molde en triángulos, rectángulos o círculos, con la ayuda de un vaso del revés.

Lo untaremos con las distintas salsas, colocaremos las rebanadas en una bandeja, realizando bonitas composiciones de formas y de colores y añadiremos las variantes para dar un aspecto más atractivo a las tostadas.

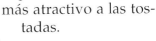

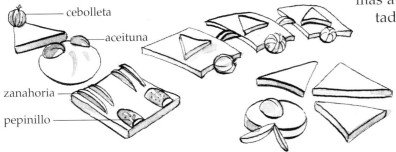

cebolleta
aceituna
zanahoria
pepinillo

Hogazas sonrientes

Ingredientes necesarios

✗ pequeñas hogazas saladas de entre 7 y 8 cm
✗ aceitunas negras sin hueso
✗ zanahorias, escarola o lechuga
✗ un pimiento rojo
✗ rodajas de salchichón cortadas gruesas

Colocaremos sobre las pequeñas hogazas dos mitades de aceitunas, cortadas a lo largo si se desea obtener ojos achinados o bien a lo ancho si se quieren redondos.

Rallando la zanahoria obtendremos raspaduras que harán de cabello para la hogaza; si queremos conseguir un peinado verde y rizado de payaso, habremos de cortar tiras de escarola.

Para la boca, colocaremos sobre el pimiento lavado y limpio un pequeño trozo de pan de molde con forma de corazón. Con el salchichón podemos hacer un nudo de pajarita para ellos y un lazo en el cabello para ellas.

Por último, colocaremos estas caras sonrientes en una bandeja.

Pequeñas pizzas de pan de molde

Verteremos sobre las rebanadas de pan de molde una cucharada de salsa de tomate. A continuación, se espolvorean trocitos de mozzarella y se añade una gota de aceite. Las pizzas se hornean a baja temperatura (100 °C) durante algunos minutos. Antes de servirlas, hay que dejar que se enfríen un poco. Puede añadirse, si se desea, una hoja de albahaca para dar un toque de color y de sabor.

Pastel de mortadela

Después de cortar las aceitunas, añadiremos los quesos y mezclaremos todo en un recipiente.

Colocaremos una rodaja de mortadela sobre un plato redondo o una bandeja y pondremos encima la mitad de la mezcla.

Cubriremos todo con una segunda rodaja, la untaremos con la mezcla que queda y la cubriremos con la tercera rodaja de mortadela.

La dejaremos reposar en el frigorífico durante dos o tres horas y a continuación la cortaremos en porciones.

Ingredientes
necesarios

✗ 300 g de queso
blanco
✗ 150 g de azúcar
✗ un pequeño brik
de crema de leche fresca
de 200 ml
✗ 3 cucharadas de
jarabe de frutas
✗ lenguas de gato
o barquillos

Copas de queso blanco

Mezclaremos el queso blanco, el azúcar y la crema de leche hasta que formen una pasta untuosa. Añadiremos el jarabe de frutas y se mezcla todo. Repartiremos la mezcla en las copas de postre y lo pondremos con un barquillo o una lengua de gato.

Ingredientes
necesarios

✗ 250 g de azúcar
✗ 250 g de avellanas
tostadas
✗ una cucharada
de aceite de oliva
extravirgen

Crocantes

Estas cantidades son suficientes para preparar un crocante para unos quince niños. Para empezar, fundiremos el azúcar a fuego lento en una olla, removiéndolo con una cuchara de madera para que no se pegue.

Cuando el azúcar esté completamente fundido, añadiremos las avellanas y continuaremos removiendo durante un minuto. Untaremos de aceite un molde de tarta y verteremos la pasta de forma que tenga un grosor de algunos centímetros. Se iguala la superficie con una cuchara de madera y se deja enfriar. A continuación, cortaremos el crocante en pequeños trozos rectangulares.

Polos y piruletas

Se vierten los ingredientes en un recipiente y se mezclan hasta obtener una solución homogénea.

• Para preparar los polos, se vierte la mitad de la preparación en los moldes para polos, se introducen las espátulas y se dejan reposar en el congelador.

• Para preparar las piruletas, colocaremos la otra mitad de la preparación en un cazo y se cuece a fuego muy lento. Cuando esta empiece a solidificarse, se hunde en la masa un bastón de madera, se rodea de pasta y se deja enfriar a temperatura ambiente.

Merengues celestes

✗ merengues
✗ cartulina rosa y azul
✗ papel de seda azul
✗ rotuladores
amarillos, azules
y fucsia
✗ lápiz y tijeras

La receta sólo se refiere al aspecto de los merengues, que deberán comprarse hechos.

Para ello, habrá que dibujar sobre la cartulina las alas y las caras sonrientes de los ángeles, con los cabellos rizados, la mirada curiosa y la boca sonriente.

En la parte superior de los merengues, se hace un agujero donde se introducen con cuidado los ángeles.

Para servirlos, colocaremos una hoja de papel de seda azul sobre una bandeja y colocaremos los merengues encima.

Pescado de chocolate

Después de que la mantequilla se haya ablandado a temperatura ambiente, se mezcla con el azúcar. Se añaden las yemas de huevo y el cacao y se vuelve a mezclar hasta obtener una pasta bien homogénea.

Se trituran las galletas hasta obtener un polvo fino, se añaden a la pasta y se vuelve a mezclar de nuevo.

Cuando tenga un aspecto homogéneo, se vierte la pasta y se trabaja con las manos para darle la forma de un pescado o de cualquier otro animal. A continuación, se cubre con las almendras, dando la impresión de que posee unas escamas.

Si se desea darle un toque divertido, puede recortarse una lengua de cartulina roja. Los ojos se hacen con las cerezas confitadas.

Pastel de crema de chocolate

Ingredientes necesarios

✗ genovesa de base para el pastel
✗ un tarro de crema de chocolate
✗ azúcar glaseado
✗ cacao dulce

Colocaremos el pastel sobre una bandeja o una fuente, procurando que la base sea el lado más liso.

A continuación cortaremos en dos con un cuchillo de sierra largo, haciendo un corte regular en la línea horizontal del pastel. Levantaremos con precaución la mitad superior del pastel y untaremos la interior con una capa fina de crema de chocolate. Una vez que esté bien extendida, se vuelve a cubrir procurando que coincidan los bordes y se espolvorea la superficie del pastel con azúcar glaseado.

Para realizar el dibujo habrá que preparar tiras de papel de diversas formas (rombos, cuadrados, flores, casitas, etc.), que colocaremos en la parte superior del pastel y se espolvorearán las partes descubiertas con cacao. Al levantar las tiras de papel, se obtendrá un dibujo blanco y marrón sencillo pero bonito.

Brochetas de frutas

Ingredientes necesarios

✗ plátanos
✗ fresas
✗ kiwis
✗ manzanas
✗ melocotones
✗ cerezas
✗ albaricoques
✗ mandarinas
✗ peras no muy maduras
✗ pomelo
✗ pinchos de madera

PRIMERA VERSIÓN

Cortaremos una manzana por la mitad, colocaremos una parte boca arriba en un tazón y la otra se trocea en dados. Cortaremos los kiwis y los plátanos en rodajas de 1 a 2 cm y los albaricoques y los melocotones en cuartos. Si las fresas son grandes, deberán partirse por la mitad. Colocaremos los pedazos de fruta en las brochetas, alternando los colores y sin olvidar las cerezas. Clavaremos algunas brochetas en la manzana girada como si fuera un soporte.

SEGUNDA VERSIÓN

Para empezar, partiremos el pomelo por la mitad, lo colocaremos en el centro de un plato y lo rodearemos con gajos de naranja y mandarina colocados con gusto. Prepararemos las brochetas con dados de pera, de manzana y gajos de mandarina. A continuación, clavaremos las brochetas en la otra mitad del pomelo.

Tiramisú de frutas

Ingredientes necesarios

✗ 2 huevos
✗ 250 g de mascarpone (queso cremoso)
✗ 300 g de galletas
✗ 2 cucharadas de azúcar (para la crema)
✗ 4 cucharadas de azúcar (para las frutas)
✗ 300 g de frutos, piña, kiwi, fresas y frutas del bosque

Cortamos las frutas en pequeños trozos en un recipiente, las cubrimos con azúcar y las dejamos reposar.

Entretanto, batimos las yemas de huevo y el azúcar hasta que la mezcla se vuelva casi blanca. Añadimos el queso y las claras batidas a punto de nieve y las mezclamos hasta obtener una crema deliciosa.

A continuación, vertemos en una bandeja la mezcla de azúcar y de frutas, y la dejamos reposar. Por otra parte, empapamos las galletas en la crema y añadimos agua si fuese necesario.

En una bandeja colocamos una capa de galletas, la cubrimos con crema y ponemos una capa de frutas. Repetiremos este proceso hasta haber empleado todos los ingredientes. Después, dejaremos la bandeja en la nevera durante algunas horas.

Ingredientes necesarios

✗ naranjas o limones
✗ azúcar
✗ agua mineral

Naranjada o limonada

Escogeremos frutos jugosos y los exprimiremos. Añadiremos al zumo agua y azúcar y lo mezclaremos. Serviremos en vasos con una pajita.

Ingredientes necesarios

✗ 3 dl de leche
✗ 3 melocotones
✗ 4 albaricoques
✗ un plátano
✗ una manzana
✗ una pera
✗ azúcar

Batido de frutas

Lavaremos, pelaremos y quitaremos las pepitas de las frutas. Las cortaremos en pedazos y las trituraremos con el azúcar y la leche hasta obtener un líquido no muy denso y bastante azucarado.

Para darle más sabor, añadiremos azúcar de vainilla y lo verteremos en una jarra.

Si hace calor, pondremos hielo triturado.

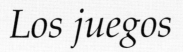

Los juegos

Hasta los seis años

■ Una cancioncilla para empezar

A girar, a girar

Los niños hacen de vagones y, agarrándose los unos detrás de los otros a la locomotora, entran todos poco a poco en el ruedo. Pueden imitar el ruido del vapor y el mecanismo de las ruedas mientras cantan una canción.

Corre, corre el trenecito;
rueda, rueda por la vía;
pasa, pasa por el puente;
mira, mira cómo viene;
mira, mira cómo viene.

Corre, corre el trenecito;
rueda, rueda por la vía;
pasa, pasa por el puente;
mira, mira cómo viene;
mira, mira ya está aquí.

¡Tutuuutttt!
¡Chucu, chucu, chucu,
chucu, chucu, chucu!

◾ Coplas y juegos para decidir quién hace de animador

Haremos que los niños formen un círculo y dejaremos a uno de ellos en el centro. A continuación, comenzaremos a cantar mientras el niño que para va tocando por orden la mano a cuantos le rodean. El que haya sido tocado al acabar la canción, quedará eliminado. Continuaremos el juego hasta que sólo queden dos niños: el que toque primero al otro será el animador.

Am stram gram

Am stram gram.
Pica, pica y colegram.
Borra, borra
y ratatam.
¡Am stram gram!

Caramelo

Caramelo, melo, melo
de chocolate, late, late.
La rosa es bonita, ita, ita,
pero me gusta el tomate, ate.
Si no quieres parar,
¡deja de cantar!

La borrica

Pica, pica la borrica
y cuenta sólo hasta ocho.
Uno, dos, tres, cuatro,
cinco, seis, siete, ocho.
¡Tú te quedas sin bizcocho!

La manzana

Una manzana verde,
una manzana roja,
una manzana queda.
¡Pero tú estás fuera!

La gallina coja

Una gallina coja y floja
¿cuántas plumas tiene en la espalda?
Tiene veinticuatro:
¡una, dos, tres, cuatro!

La vara

Una vara,
dos varas,
tres varas,
cuatro varas,
cinco varas,
seis varas,
siete… ¡paras!

Una gallina en una tapia

Una gallina en una tapia
picotea un pedazo de pan.
Picotea, picotea,
levanta la cola
¡y luego
se va!

Pasan tres caballeros

Pasan tres caballeros
con tres caballos blancos.
Blanca es la silla,
¡Adiós hermosilla!

El pájaro que viene del mar

El pájaro que viene del mar
¿cuántas plumas llevará?
Si lleva treinta y tres,
¡tú paras otra vez!

El rey ha dicho

Uno, dos, tres, cuatro, cinco,
el rey ha dicho que no des un brinco.
Seis, siete, ocho y nueve,
si la reina quiere, no te mueves.

Me lavo las manos

Me lavo las manos para hacer pan,
para uno, para dos, para tres, para cua-
tro,
para cinco, para seis, para siete, para
ocho,
para nueve, para diez y para el rey.
¡Te toca a ti, hey!

Dónde están las llaves

En el fondo del mar
matarilerilerile.
En el fondo del mar
matarilerilerón.

Dónde están las llaves
matarilerilerile.
Dónde están las llaves
matarilerilerón.

Vamos a buscarlas
matarilerilerile.
Vamos a buscarlas
matarilerilerón.

Un elefante se balanceaba

Un elefante se balanceaba
sobre la tela de una araña.
Como veía que no se caía
fue a buscar otro elefante.

Dos elefantes se balanceaban
sobre la tela de una araña.
Como veían que no se caían
fueron a buscar otro elefante.

Tres elefantes se balanceaban
sobre la tela de una araña.
Como veían que no se caían
fueron a buscar otro elefante.

Cuatro elefantes se balanceaban, etc.

El aplaudímetro viviente

En el caso de que haya varios niños que deseen dirigir los juegos, pueden competir para recoger el mayor número de aplausos de sus compañeros. Para ello, se escogerá a un niño que haga de aplaudímetro. Es una tarea muy divertida: basta con agacharse, cerrar los ojos y… pronunciar el nombre del candidato.

Durante los aplausos se levantará según su intensidad: ¡en algunos casos deberá saltar para indicar la intensidad con la que ovacionan a sus compañeros!

La pajita más corta

El niño que se encuentra en el centro del círculo sostiene en su mano tantos pedazos de pajitas (entre las cuales hay una más corta, pero sin que se vea) como niños participan en el juego. Quien se lleve la más corta, se convertirá en el animador. Para dar más emoción, podemos cantar esta coplilla:

Estira, estira, estira la pajita.
¿Dónde está la más cortita?

La piedra negra

En una bolsa de tela o de plástico oscuro colocaremos tantas piedras como participantes haya en el juego. Todas tienen que ser blancas menos una, que debe ser negra.

Cada niño cogerá una y mantendrá el puño cerrado hasta que todos hayan metido la mano en la bolsa.

Cuando todos tengan su piedra, gritarán a la vez «uno, dos, tres» y abrirán la mano. Quien tenga la piedra negra será el animador.

La golondrina

Dos niños forman un arco con sus brazos bajo el que pasan los demás. Se escoge a quien pasa bajo el puente cuando se acaba la canción. Podemos cantar o recitar la siguiente copla:

¿Qué es lo que ha hecho
la pequeña golondrina?
¡Nos ha robado
tres sacos de salvado!
Atraparemos
a la pequeña golondrinu
y le daremos
tres secos bastonazos
¡Un, dos, tres!

Material necesario

✗ una cartulina dura
✗ lápiz, goma y regla
✗ rotuladores
✗ tijeras o cuchillo de hoja dentada

Cuidado con el imán

Recortaremos en la cartulina la silueta de un imán y le dibujaremos dos ojos con rotulador. Escogeremos al animador del juego y le entregaremos el imán. Al principio del juego, todos los niños podrán caminar libremente hasta que el animador grite el nombre de una parte del cuerpo (por ejemplo, «espalda»). En ese momento, todos los niños se detendrán y unirán su espalda con la del compañero que esté más cerca. Tienen que ser rápidos puesto que el imán está al acecho, preparado para eliminarlos del juego. El jugador que sea lento o que no haya encontrado pareja pagará una prenda antes de volver al juego. Por el contrario, si todos han conseguido encontrar un compañero, permanecerán unidos hasta que el animador dé la señal para que vuelvan a empezar a caminar, siempre atentos a detenerse cuando el animador dé una nueva orden.

Un buen truco para capturar a los jugadores más lentos consiste en mencionar aquellas partes del cuerpo cuyo contacto sea más difícil, como la frente, la nariz, el codo o la planta del pie, que los obligará a tomarse cierto tiempo.

Pintaremos las dos tiras de papel, una de azul y la otra de rojo, y las sujetaremos con cinta adhesiva, alrededor de cada uno de los cestos que se han de colocar en el centro de la habitación. Formaremos dos equipos, uno rojo y otro azul, y les pintaremos la nariz con el color distintivo. A continuación, haremos que se sienten en torno a su respectivo cesto. El animador se colocará entre los dos círculos con una caja de pelotas de ping-pong y dirá: «soy *Billy*, un perro con muy malas pulgas y no las quiero. ¡Tomad!»

A continuación da la señal de inicio del juego («preparados, listos, ya») y da la vuelta a la caja para que las pelotas, es decir, las pulgas, reboten en todas direcciones. Los niños tienen que buscarlas y colocarlas de nuevo en el cesto de una en una. Para animar un poco la «caza», si es necesario, podemos cantar esta canción:

Tengo una pulguita chiquitita,
que juega en mi barriguita
y no me deja dormir.
Tengo otra pulguita chiquitita
debajo de la naricita
y no me deja reír.
Tengo una pulguita chiquitita
encerrada en la manita
y no la dejo salir.

El juego puede terminarse cuando el animador grita «¡alto!» o cuando se han recogido todas las pelotas, incluidas las que han terminado debajo de los muebles. El equipo que haya recogido más pelotas es el vencedor.

Material necesario

✗ hojas de cartulina amarilla, roja, azul y verde
✗ lápiz y goma
✗ tijeras
✗ juguetes, libros, revistas y objetos de colores
✗ libretas
✗ grapadora o cinta adhesiva
✗ cronómetro

Busca un color

Cortaremos en las cartulinas una cinta de 60 cm de largo y de 6 o 7 cm de ancho, así como una pluma de 20 a 25 cm de largo.

Con la grapadora o la cinta adhesiva, uniremos la pluma a la cinta, que cerraremos formando un círculo. Al final obtendremos cuatro sombreros indios que se colocarán los primeros cuatro jugadores; después prepararemos un quinto con cuatro plumas, cada una de un color, para el animador del juego, que será el jefe de la tribu.

A continuación, en una hoja de papel, dibujaremos una tabla de puntuación, al principio de una columna para cada uno, los nombres Pluma amarilla, Pluma roja, Pluma azul y Pluma verde, y esparciremos los distintos objetos por la habitación.

A una señal del jefe de la tribu, los indios se lanzarán a la caza de los objetos de su color. Sin embargo, al cabo de un minuto, se detendrán ante el jefe de la tribu y le darán su botín: después de contar los objetos, apuntará la cantidad al lado del nombre de cada indio que, a continuación, confiará su gorro a otros «hermanos» de su tribu y, mientras los nuevos cazadores se lo ponen, los antiguos esparcirán de nuevo los objetos por toda la habitación.

Cuando todos los participantes hayan hecho de cazadores, el jefe de la tribu declarará vencedor a quien haya recogido el botín mayor; con un solemne «¡auuu!» levantará su gorro de jefe y lo entregará al ganador nombrándolo «supercazador». En la partida siguiente, él se convertirá en el jefe de la tribu.

Fríe los buñuelos

Dibujaremos en las hojas blancas una veintena de buñuelos grandes utilizando en caso necesario un modelo para que sean más o menos idénticos.

Cortaremos los buñuelos y los colorearemos, primero de marrón y luego de rojo.

A continuación, con una tiza o con cinta adhesiva de color, dibujaremos dos círculos bastante separados el uno del otro sobre el suelo: las «cacerolas».

Delante de estas, a 50 o 70 cm de distancia (según la edad de los niños que no tienen que estorbarse durante el juego), dibujaremos dos líneas y pondremos encima los buñuelos, repartidos a partes iguales.

Delante de cada línea se arrodillarán los dos primeros jugadores: a una señal del animador, tendrán que soplar sobre los buñuelos hasta que los metan en la cacerola. Quien empiece demasiado pronto tendrá que pagar una prenda o se le descalificará. Ganará el primero que meta todos los buñuelos en la cacerola.

Si los niños se divierten, el juego puede convertirse en un verdadero torneo con fases eliminatorias y finales.

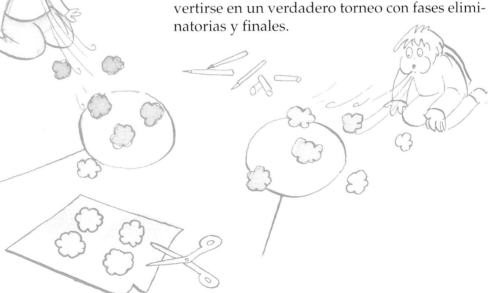

Los zapatos grandes

Comenzaremos por preparar con cajas de cartón unos zapatos grandes y extraños, parecidos a los que se calzan los payasos. Para ello, sujetaremos la tapa a la caja con cinta adhesiva transparente y eliminaremos la mitad.

A excepción del fondo, que hará de «suela», untaremos de cola el resto de la caja y la forraremos con papel de embalar que, si se desea, se puede pintar.

Mientras la pintura se seca, recortaremos en un papel fino muchos topos de distintos colores y los pegaremos sobre el empeine del zapato.

Con el papel crepé, haremos un gran nudo y lo sujetaremos con un clip en la parte delantera del zapato.

Cuando vayamos a empezar la carrera, con la tiza o la cinta adhesiva de color, dibujaremos en el suelo una línea de partida y otra de llegada. Escogeremos al animador del juego y agruparemos a los participantes por parejas.

Calzaremos a los dos primeros en la línea de partida. Arrastrando los pies para no perder los zapatos, los jugadores tendrán que atravesar la línea de meta lo más rápido posible; para ello, calcularemos el tiempo que tarden en hacerlo. Cuando todos hayan terminado la prueba, se pueden formar nuevas parejas con los vencedores para realizar una nueva carrera. Cuando ya sólo quede una pareja, se hará desempatar a los dos últimos participantes que obtendrán como premio sus zapatos; el vencedor podrá escogerlos.

¡Aunque en la ilustración parece sencillo, no lo es!

El guante mágico

Para empezar, sujetaremos los imanes a la palma de los guantes con cinta adhesiva.

Colocaremos los platos a los extremos de la mesa y los objetos en el centro, y seleccionaremos las distintas parejas de jugadores.

Acercaremos la primera pareja a la mesa baja: cada jugador tiene que ponerse un guante y colocarse delante un plato que será su recipiente. A una señal del animador, los jugadores, con su mano enguantada sobre la mesa, deben tomar un objeto y dejarlo en el recipiente con la ayuda de la otra mano.

Al cabo del tiempo acordado —por ejemplo, un minuto—, el animador da el alto: los jugadores tienen que detenerse y contar los objetos de cada recipiente; gana el que ha conseguido más objetos.

A continuación, se colocan de nuevo los objetos en su lugar y los platos y los guantes pasan a la siguiente pareja de jugadores.

Material necesario

✗ tiza de colores
✗ trozos de lana
de distintos colores
✗ cola vinílica
✗ gorro de piscina
o de lana
✗ un tocadiscos
o un casete
✗ una casete con una
cancioncilla alegre

La bruja de los mares os atrapará

Prepararemos una peluca (que el animador del juego, «la bruja de los mares», debe colocarse), pegando con cola los trozos de lana en el gorro: es necesario que el aspecto sea lo más desgreñado posible.

A continuación, se dibuja con la tiza o se marca con cinta adhesiva de color algunos círculos en el suelo, lo suficientemente lejos los unos de los otros y lo bastante grandes para que quepan unos cinco o seis niños, que harán de peces.

Después de escoger a la bruja, le colocaremos la peluca y haremos que ponga la música en marcha. Todos los niños deberán estar fuera de los círculos, incluida la bruja, y todos bailarán siguiendo el ritmo como puedan. Al cabo de un momento, la bruja dentendrá la música bruscamente y grita «¡la bruja de los mares os atrapará!», intentando tocar a los pequeños peces que, en el momento en que la música se para, tienen que dejar de bailar y refugiarse en el interior de los círculos.

Si la bruja no consigue tocar a nadie, empieza una segunda partida; pero si atrapa a un pez antes de que se refugie en el círculo, se convertirá en bruja y repetirá el juego.

Las sombras chinescas

Dibujaremos en una cartulina las siluetas de los personajes de una fábula o de un cuento. Los recortaremos y pegaremos un bastón o una pajita al dorso de cada uno. Cubriremos el agujero de una puerta con la sábana donde proyectaremos las sombras chinas y, en la parte inferior del marco, sujetaremos el cartón grande con cinta adhesiva, que servirá para esconder las manos que manipularán los personajes. Colocaremos la lámpara al otro lado de la puerta. Haremos que los niños se sienten, apagaremos la luz de la habitación y encenderemos la lámpara detrás de la sábana, donde un narrador empezará a explicar la historia que algunos marionetistas escondidos detrás del cartón escenificarán dando vida a las siluetas.

Magia potagia

Dibujaremos una estrella o una media luna en la cartulina y la recortaremos. A continuación, la colocaremos sobre otro trozo de cartulina para obtener otra idéntica.

Entre las dos formas, introduciremos el bastón o la pajita que sujetaremos con una grapa o con cola, y ya tenemos la varita mágica.

El animador, que encarnará a un hada o un mago, tocará con una varita a los jugadores cuando menos se lo esperen y les indicará el animal que deben imitar.

¡Abracadabra, te transformo en rana!
¡Abracadabra, quiero que seas una serpiente!
¡Abracadabra, serás una mariposa!
¡Abracadabra, te transformo en caballo!
Abracadabra, etc.

Los jugadores deberán comportarse como estos animales hasta que el mago o el hada les indique lo contrario.

¡Pif, paf, puf! Se acabó el sortilegio.
Niños sois, y debéis ir al colegio.

El encanto acabará y se designará a una nueva hada o a un mago.

✗ *una bolsa de basura*
✗ *un gorro de baño*
✗ *una hoja de plástico*
para cubrir una mesa
✗ *2 recipientes*
de plástico, uno grande
y otro pequeño, llenos
de agua
✗ *una pequeña*
manzana por
participante
✗ *una bayeta*

Muerde la manzana

Confeccionaremos una bata con una bolsa de basura practicándole tres agujeros para la cabeza y los brazos.

Colocaremos sobre una mesa una hoja de plástico y encima de ella colocaremos los dos recipientes. El pequeño, lleno de agua, deberá ponerse dentro del grande, donde se echará una manzana en el agua.

El animador del juego se vestirá con la bata y se colocará delante del recipiente. Con las manos en la espalda o bien una a cada lado, deberá atrapar la manzana con los dientes. No es fácil, puesto que la manzana flota y se escapa a menudo, pero no hay que desesperar, porque basta con dejar la señal de los dientes en ella para ganar.

El vencedor tendrá derecho a comerse la manzana. Entre partida y partida, se cambiará el agua y se fregará el suelo.

Material necesario

✗ una mesa rectangular
✗ una pelota de ping-pong

A pleno pulmón

Formaremos equipos de tres jugadores como máximo y colocaremos a dos alrededor de la mesa, de manera que cada uno ocupe un lado.

Escogeremos al animador del juego para que arbitre el encuentro, sume los puntos y sostenga con el dedo la pelota en el centro de la mesa antes de que empiece el juego.

Cuando el animador levanta el dedo y deja que empiece la partida, los jugadores, cuyas manos tienen que mantenerse unidas a la espalda, empiezan a soplar sobre la pelota con todas sus fuerzas para empujarla en el campo contrario y hacerla caer. Cuando la pelota cae por uno de los lados que no pertenezca a ninguno de los dos equipos, se volverá a poner en el centro de la mesa.

Cada vez que un equipo consiga que la pelota se cuele entre los adversarios y caiga, se anotará un punto. Para que los encuentros no sean demasiado largos y todos los niños puedan participar, se acordará un número máximo de «goles» (entre tres y cinco, por ejemplo).

El animador del juego tiene que comprobar que nadie se ayuda con una parte del cuerpo: cualquier infracción voluntaria comporta la atribución de un punto al equipo contrario.

Mientras esperan su turno, los demás niños animarán a los jugadores.

La tala de árboles

Para escoger al animador del juego, haremos que los jugadores se enfrenten para un pulso (véase pág. 113), puesto que el vencedor, que hará de leñador, ha de ser el más fuerte. Su trabajo consiste en cortar los árboles en el bosque, que está compuesto por todos los niños que se esparcen por la habitación y se mantienen rectos y erguidos, extendiendo los brazos para representar las ramas. Acercándose a cada uno de ellos, el leñador imita el ges-

to de talar el árbol que tiene que caer por el suelo y permanecer allí inmóvil. Cuando su trabajo ha terminado, el leñador deberá llevar todos los árboles a su casa, arrastrándolos por las ramas (es decir, los brazos) o por las raíces (los pies).

El teléfono sin hilo

Colocaremos a los niños formando un círculo, sentados o de pie, y que se mantengan cogidos por la mano. Designaremos al animador del juego y, sin que los demás lo oigan, le diremos una frase muy sencilla pero de significado preciso que tendrá que murmurar rápidamente al oído de uno de los niños del círculo. Cuando el mensaje haya sido recibido, el niño imitará el timbre del teléfono y, apretando la mano del jugador colocado a su izquierda, le murmurará al oído lo que ha entendido. Cuando se haya completado la vuelta, el último partici-

pante tendrá que repetir en voz alta lo que ha escuchado. Puede suceder que el último repita la frase exacta del principio, pero casi siempre hay frases delirantes que provocan la risa. Si los niños se divierten, se puede volver a empezar con otra frase.

La cola del zorro

Comenzaremos por designar al animador del juego, que hará de zorro. Para ello, se anudará al cinturón el retal de tela como si fuese su cola.

Los demás jugadores, que harán de cabras, se colocan a su alrededor y cantan:

Corre, corre,
zorro gruñón,
te cortarán la cola
y lucirás el muñón.

Al final de la canción, el zorro tiene que defender su cola que las cabras tienen que intentar pisar para cogerla; la cabra que lo consiga se convertirá en zorro, mientras que el jugador que ha perdido se transformará en cabra.

La pequeña cola de las liebres

En este juego, el animador tiene que controlar la situación; por lo tanto, es mejor que sea un adulto.

Los jugadores deberán moverse para arrancar la cola del contrario, que consistirá en una tira de tela anudada a la cintura.

Al oír la señal «preparados» del animador, los dos primeros participantes se ponen de cuclillas uno delante del otro, y al oír la señal de salida empiezan a saltar como si fueran liebres intentando desenganchar la cola del adversario sin perder la suya.

Se admiten todas las estrategias, con la condición de no llegar a las manos. En ese caso, el animador deberá restaurar el orden y descalificar al responsable.

Si el espacio lo permite, el juego puede desarrollarse por equipos que se distinguirán por el color de la cola.

Es necesario disponer de un buen número de colas, un poco más de concentración, rapidez por parte de los jugadores y control por parte del árbitro, pero el juego ganará en emoción.

El arqueólogo y la momia

Para empezar, escogeremos al niño que hará de arqueólogo y lo llevaremos fuera de la habitación, cerrando la puerta para que no pueda ver ni oír lo que pasa. Los demás rodean a uno, la momia, con los rollos de papel higiénico, cubriéndole todo el cuerpo, menos la nariz y la boca, para que pueda respirar. A continuación, se hace entrar al arqueólogo y los niños se mueven por toda la habitación para que no pueda ver quién falta: si el arqueólogo consigue descubrir quién se esconde tras el disfraz de momia, romperá sus vendas y se lanzará a la persecución de los demás niños, incluido el arqueólogo. Todos tienen que intentar escaparse de la captura porque el primer niño al que toca se convierte en el arqueólogo de la siguiente partida.

Unidos para siempre

Escogeremos al niño que deberá parar y con los demás jugadores formaremos parejas uniéndoles los tobillos con unas tiras de papel higiénico. A una señal del animador, la pareja escogida tiene que lanzarse a perseguir a los demás, que intentan huir. Basta con que toquen a otra para que se cambien los papeles.

Si una pareja rompe el lazo de papel, tendrá que pagar una prenda, puesto que habrá interrumpido el juego.

Material necesario

✗ algunos objetos
sólidos (taburetes,
libros, cajas vacías,
etcétera)
✗ 2 pelotas
de ping-pong
✗ tiza o cinta adhesiva
de colores

Minigolf... soplado

Dibujaremos en el suelo con la tiza, o señalaremos con la cinta de color, una línea de partida y, a una cierta distancia, una línea de llegada.

En perpendicular y siguiendo toda la longitud del recorrido, dibujaremos una línea mediana para delimitar dos campos.

En cada campo, estableceremos un circuito idéntico, con pasajes obligatorios indicados por distintos objetos que harán de obstáculos.

Colocaremos las pelotas en las líneas de salida y haremos que se arrodillen los dos primeros participantes: ante la señal del animador, soplarán con todas sus fuerzas sobre la pelota para hacerle cumplir todo el trayecto hasta la línea de llegada. El animador será el árbitro y comprobará la regularidad del recorrido realizado por la pelota: está prohibido retener la pelota del adversario si esta penetra en el propio campo; la victoria es para el primero que consigue hacer pasar los obstáculos y la línea de llegada a su pelota, dando así muestra de sus grandes capacidades pulmonares.

¡Cuidado con la araña!

Para este juego es preciso preparar una tela de araña con una madeja de lana que irá de una punta a la otra de la habitación, pasando por los muebles y las sillas, pero sin enredarse, ya que deberá recuperarse el hilo para otros juegos.

Cuando el animador del juego diga «¡moscas, mariposas e insectos alados, volad!», todos los participantes empezarán a caminar entre los hilos, procurando no tocarlos, ya que quien lo haga deberá quedarse quieto y esperar a que algún compañero lo salve antes de que la araña, que puede desplazarse libremente por la tela, se acerque a él y lo convierta en presa, quedando descalificado de inmediato. El último insecto que quede hará de araña.

Material necesario

✗ tiza o cinta adhesiva de colores

Jaime ha dicho:
«Para ir hacia delante…
¡Tres pasos de gigante!»

Jaime ha dicho:
«Para ir menos lejos…
¡Dos pasos de cangrejo!»

Jaime ha dicho:
«Para ser importante…
¡Un paso de elefante!»

Jaime ha dicho:
«Para llegar a casa…
¡Dos pasos de jirafa!»

Jaime ha dicho:
«Para empezar con buen
                        pie…
¡Seis pasos de ciempiés!»

Jaime ha dicho:
«Poned mucha atención…
¡Dos pasos de león!»

Jaime ha dicho:
«Para ir rápido y llegar le-
                        jos…
¡Un salto de conejo!»

Jaime ha dicho:
«Para ir donde el duro…
¡Un salto de canguro!»

Jaime ha dicho

Con la tiza o con la cinta de color, dibujaremos una línea de salida y, a una buena distancia, otra de llegada.

Se escogerá al animador del juego —que se convertirá en Jaime— y se colocará a los jugadores en la salida.

Los jugadores preguntarán: «¿Qué dice Jaime?»

Mediante las rimas, el animador ordenará a los jugadores que realicen, con un objetivo preciso, un cierto número de pasos de un tipo en concreto. Los jugadores deberán ejecutarlos correctamente, puesto que el animador podrá comprobar que se están siguiendo sus órdenes; los que no le hagan caso, tendrán que pagar una prenda y dar un paso hacia atrás.

Después de haber ejecutado cada orden, los jugadores interrogan de nuevo al animador y este responde. De este modo, se irá desarrollando el juego. El primero que llega a la línea de meta será el animador en la siguiente partida y deberá inventarse otras rimas. El juego puede repetirse hasta que todos hayan sido Jaime.

El mozo lleva el pan

Con la tiza o la cinta adhesiva, dibujaremos una línea de salida y otra de llegada.

A continuación, se forman las parejas de jugadores y se colocan en la línea de salida manteniendo un libro o una revista sobre la cabeza, procurando llegar lo más pronto posible a la línea de llegada sin dejar que se caiga.

La pareja se pone en marcha cuando el animador da la señal de salida. Además, debe controlar la regularidad del juego dando a cada momento la posición del pan (en la cabeza, en la espalda, en la palma, en el dorso de la mano, en un pie), gracias a las cancioncillas que deberán cantarse a coro.

El mozo lleva el pan hecho.
La cabeza contra el pecho.

Lleva el pan como una balda.
Colocado en la espalda.

Lleva el pan en la mano.
Y lo pasa a su hermano.

Con el pie lleva el pan.
Si está bueno, no caerá.

Con el pan en la cabeza.
Se aleja sin pereza.

Con el pan sobre la nuca.
Parece un joven con peluca.

Si el pan se cae (y esto puede suceder si los demás jugadores se dedican a distraer a la pareja que compite, haciéndoles reír), el jugador pierde tiempo recogiéndolo y poniéndolo de nuevo en su lugar. La pareja ganadora es la que, superando todas las dificultades, llega a la meta en menos tiempo.

Robar al oso

Material necesario

✗ tantos bolos
o botellas como
participantes haya

Comenzaremos por designar al oso que debe hacerse una madriguera en un rincón de la habitación, colocando sus provisiones (bolos o botellas) a su alrededor, y «dormirse» enseguida. Con paso de lobo, los jugadores tienen que acercarse a él para robárselas. El oso perseguirá a los ladrones. Cada vez que toque a uno, recuperará una botella y el ladrón dejará el juego. Cuando haya recuperado todos los bolos, el último ladrón se convertirá en el siguiente oso.

El viento sopla

Material necesario

✗ una escoba

Mediante una copla, se designa a dos personajes: el viento y el barrendero que llevará la escoba.

Sentados en el suelo, los jugadores hacen ver que son hojas y que un viento impetuoso que sopla fuerte las hace girar: mientras el viento sopla, los niños se ponen de pie y corren en todas las direcciones; cuando se calma, se acurrucan en el suelo. En ese momento, el barrendero entrará en juego y tendrá que intentar reunir, una por una, todas las hojas en un rincón: una tarea nada fácil puesto que las hojas intentarán esquivar los golpes de la escoba aunque sean delicados.

Si se quiere continuar el juego, se hace volver al viento, que puede representarlo el jugador hoja que más haya resistido y, el barrendero, que será la primera hoja capturada.

¡Un, dos, tres, al escondite inglés!

Se trata de un juego tradicional, tan viejo como el mundo, que no pierde nunca su interés y que puede estar organizado por los propios niños.

Dibujaremos una línea de salida e indicaremos un punto de llegada (por ejemplo, una pared o un árbol si el juego se desarrolla en el exterior) entre las que no debe existir ningún obstáculo.

A continuación, se designará al animador, quien deberá apoyarse contra alguna cosa, otra pared o árbol, con la cara oculta entre los brazos, mientras los demás se colocan en la línea de salida.

Los jugadores deben estar preparados para dirigirse hacia la línea de llegada en cuanto el animador empieza a decir «¡un, dos, trcs... al escondite inglés!». Cuando él pronuncie la última palabra, y antes de que se gire hacia los jugadores, estos deberán inmovilizarse en la posición en la que se encuentren. A los que sorprenda moviéndose o intentando encontrar su equilibrio, deberán volver a la línea de salida. El que alcanza la meta primero se convertirá en el animador de la partida siguiente.

¡Frío, caliente, ardiendo!

Comenzaremos por elegir al niño que deberá parar. A continuación, lo llevaremos fuera de la habitación.

Entretanto, los demás jugadores tienen que elegir el objeto que el animador deberá encontrar.

Cuando el niño entre en la habitación, deberá pasearse intentando averiguar cuál es el objeto que ha de encontrar, ayudado únicamente por el coro de los demás niños —que dicen «frío» cuando se encuentra lejos de adivinar el objeto correcto, «caliente» si se acerca y «quemando» cuando está cerca para verlo—. El jugador tiene que estirar las manos hacia los objetos situados ante él y los demás dicen «fuego» cuando encuentra el objeto misterioso.

Estatuas bonitas o feas

Cuando ya se ha escogido al animador, se pone la música en marcha y los demás jugadores tienen que imitar a una estatua y mantenerse quietos mientras el animador recita un poemilla:

Las estatuas bellas
tan blancas, tan quietas,
si no las respetas,
serás como ellas.

A continuación, el animador del juego escoge la más bonita, que debe abandonar el juego y esperar. La música empieza a sonar de nuevo y las estatuas escogen una postura distinta. El animador del juego repite el poema y escoge otra.

El juego continúa de esta forma hasta que queda un solo jugador, que será el animador de la siguiente partida y podrá escoger la estatua más fea diciendo:

Las estatuas feas
tan negras, tan rotas,
si no las tocas
no serás como ellas.

En ese caso, las estatuas no tienen que adquirir una postura bonita, sino que, al contrario, tienen que hacer muecas y gestos grotescos.

El tren silba

El jefe del tren, que deberá ser un adulto si los niños son muy pequeños, tiene que conocer el nombre de cada uno de los niños.

Recita un poema, llama por el nombre a cada uno de los niños y les otorga una función como maquinista, revisor, pasajero, etc.

Los niños, en cuanto oyen su nombre, se ponen en fila india y forman un tren imitando su movimiento.

A medida que el jefe del tren va recitando los versos, el niño aludido se pone en la cola.

El tren silba, el tren silba
Tenemos a... el maquinista,
y... en el vagón,
... el jefe de estación.
El tren silba, el tren silba de nuevo,
es hora de irse,
con... malicioso,
que asoma por la ventana.
El tren silba cuando se pone en marcha,
... ocupa una plaza libre,
El controlador... ha llegado,
y... el frenador.
Tenemos a... el elegante
en el vagón restaurante,
y... el cocinero,
y... el camarero.
El tren silba en el andén
Sube... el vendedor de billetes,
... llega el último.

Material necesario

✗ una silla por cada niño
✗ un magnetófono
✗ una cinta de canciones rítmicas y alegres

La silla musical

Colocaremos las sillas en círculo y haremos que los niños se sienten.

Pondremos en marcha el magnetófono para que los niños comiencen a bailar siguiendo el ritmo de la música.

Mientras bailan, se saca una silla del círculo y luego, por sorpresa, se deteniene la música. Los

niños deberán correr para sentarse, de manera que quien se quede de pie salga del círculo. Volveremos a encender el magnetófono y, mientras los niños bailan, sacaremos otra silla. Continuaremos el juego hasta que sólo quede un niño, el vencedor.

La mímica

Invitaremos a los niños a escoger un compañero para formar parejas. Cada una escogerá una profesión o el tema de una pequeña canción para imitarla e informará sólo al animador del juego, quien en algunos casos puede aconsejar los movimientos que deben realizarse. Se pueden utilizar todas las partes del cuerpo pero sin hablar. El animador decidirá quién empieza mientras los demás hacen de público y tienen que adivinar de qué se trata. La pareja que acierte primero, saldrá a escena.

El pequeño pez sobre las olas

El animador, un adulto si los niños son muy pequeños, hará que todos reciten una copla al tiempo que escenifican su contenido.

Cada uno de los jugadores debe representar un papel determinado por el animador: uno por uno, se encuentran delante del público y tienen que imitar su personaje anunciándolo para que el ripio cantado por el público se adapte:

El pequeño pez sobre las olas,
para andar hacía así,
para andar hacía así...

Cuando la imitación ha terminado, el primer niño deja su lugar al segundo:

Una gran serpiente sobre las olas,
para moverse hacía así,
para moverse hacía así...

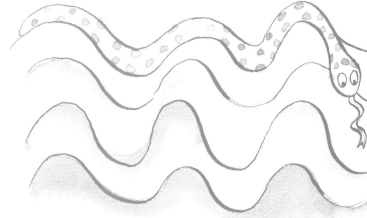

El tercero entra en escena:

El gato con dos colas sobre las
olas,
para saltar hacía así,
para saltar hacía así...

Luego el cuarto:

Un avión sobre las olas,
para volar hacía así,
para volar hacía así...

Los propios niños, divertidos con la idea de representar su papel, sugerirán al animador del juego otros personajes y, si su imaginación se agotase, podrán repetir los del principio haciendo imitar a varios el mismo a la vez y adaptando el poema de la forma más conveniente:

Dos pequeños peces sobre las olas, etc.

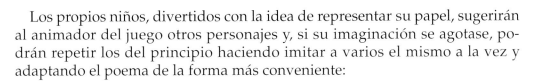

¡Y ahora los payasos!

Cómodamente instalados en el sofá o en la moqueta, los niños asisten a un espectáculo cómico. Cada uno, por turnos, hace de actor y tiene que aplicarse al máximo para que los demás rían. Tiene que inventar todo tipo de muecas, de expresiones graciosas, posiciones ridículas, explicar chistes, en definitiva, intentar alcanzar su objetivo. Los espectadores tienen que esforzarse para permanecer impasibles porque el que ría, aunque sea de forma discreta, deberá pagar una prenda y hacer de payaso.

El juego continúa hasta que todos hayan actuado.

Material necesario
✗ una moneda

Pasar la moneda

Escogeremos al animador del juego, quien debe situarse en el centro del círculo formado por los demás participantes. Los niños mantienen las manos juntas y, entre ellos, uno sujeta una moneda que ha de pasar o hacer ver que pasa a su vecino, quien hará lo mismo con su compañero. El niño que está en el centro del círculo, cuando cree haber adivinado quién tiene la moneda en la mano, detiene el juego y pronuncia el nombre del «tesorero». Tiene derecho a tres intentos: si se equivocase las dos primeras veces, el juego continúa; si se equivocase una tercera, deberá pagar la prenda que decidan los demás jugadores; en cambio, si lo adivina, pasa a ocupar el lugar del jugador que tenía la moneda y se coloca en el centro del círculo.

◼ Las prendas

En ocasiones, el hecho de pagar una prenda puede verse como algo ofensivo, ya que el niño cree que se le pone en evidencia y además se le ridiculiza. Por ello, habrá que proceder con mucho tacto y procurar que ninguno de los jugadores se sienta contrariado.

Los grandes miedos

Tenemos que imaginarnos que visitamos un zoo y el que paga la prenda tiene que imitar a un niño miedoso que da un salto de terror cada vez que oye el nombre de un animal peligroso o feroz.

La prueba incluye una docena de nombres que pronuncia el animador del juego en secuencias bastante rápidas, por ejemplo: perro, león, tigre, cabra, pantera, serpiente, gato, rinoceronte, cocodrilo, hiena, etc.

La liebre

Como la liebre que pasa bajo los matorrales, el niño que debe pagar una prenda tiene que salir y entrar del círculo formado por los demás, que se dan la mano en zigzag hasta que haya terminado la vuelta completa.

El equilibrista

El niño que debe pagar la prenda dará la vuelta a la mesa saltando sobre un solo pie y volverá hacia atrás sobre el pie contrario.

El imitador

Los demás participantes nombran algunos animales y el que tiene que pagar la prenda ha de imitar el ruido. Es suficiente con cuatro cinco nombres de animales que se pueden repetir alternándolos unas diez veces. Si el que los dice se lía y balbucea, el pagador de la prenda está salvado.

El ecologista

El animador del juego toma una hoja de papel o una página de una libreta y la rompe en dieciséis pedazos; hace un montón con ellos y los lanza por el aire para hacer que caigan en todas las direcciones: el pagador de la prenda tiene un minuto para reunirlos todos y hacer un nuevo montón que entregará al animador.

El oído fino

Se pide a quien tiene que pagar una prenda que cierre los ojos y reconozca cinco ruidos emitidos por el animador: el bote de una pelota, la caída de una llave, una galleta seca que se rompe en dos, un papel que se arruga, una lámpara que se enciende, una bebida que se vierte en un vaso, etc. Sólo se permite un error; una buena respuesta en el caso de la galleta o de la bebida da el derecho a consumirlos.

El original

Cinco niños están en fila ante el jugador que debe pagar una prenda y que, en un minuto, ha de saludar a cada uno diciendo alguna cosa distinta. Si se sobrepasa el tiempo, tiene que pagar otra prenda.

El arrancador de sonrisas

Se trata de una de las prendas más agradables de pagar: el pagador tiene que intentar hacer reír a uno de sus compañeros que, por su parte, tiene que permanecer serio. El que tiene que pagar la prenda puede recurrir a cualquier cosa (muecas, risa, bromas, fanfarronadas, etc.), menos las cosquillas, y puede detenerse en cuanto el otro niño sonría.

■ Los premios

Como en el pago de prendas, la cuestión de los premios a esta edad es bastante delicada, puesto que los niños se implican tanto en el juego que es necesario recompensar a todo el mundo y, de esta forma, no se estropea la atmósfera de amistad y alegría de la fiesta.

No todos los juegos tienen que concluir con un premio, sobre todo si cada niño ha conseguido su momento de gloria y ha disfrutado del papel de héroe.

En cambio, se aconseja compensar la diferencia entre vencedores y perdedores si parece humillante: la función de la recompensa es la de hacer desaparecer enseguida la decepción.

A los niños les gustan mucho las sorpresas, por lo que se pueden hacer pequeños paquetes con objetos y reunirlos en un gran cesto. A continuación, se deja que los niños cojan uno al azar, empezando por los más pequeños, y que descubran solos lo que se esconde bajo el envoltorio.

Un caramelo, un huevo de chocolate, una galleta o un pequeño juguete: dos bolos, un lápiz, etc., son suficientes puesto que las ganas de obtener una recompensa aumentan cuando van acompañadas por una felicitación.

En realidad, es importante que los adultos no pierdan nunca la ocasión de mostrar a cada uno de los niños su propio valor para que se sientan cómodos y participen con entusiasmo en todas las actividades propuestas.

De seis a nueve años

■ Las adivinanzas

Los niños se divierten mucho resolviendo adivinanzas, por lo que pueden incluirse en alguno de los juegos para hacerlos aún más amenos. Las adivinanzas pueden servir también de intermedio entre dos turnos o entre dos juegos, para que los niños tengan tiempo de recuperarse. Asimismo, también pueden ser útiles para captar la atención de los participantes cuando es necesario calmar el juego, con la condición de que lo hagan con amabilidad.

Elección
del
animador

Adivinanzas

El médico se la pone para visitar a sus pacientes.

(La bata).

Un partido de fútbol tiene dos y un motor de explosión tiene cuatro.

(Los tiempos).

Los hombres prehistóricos vivían en ellas.

(Cavernas y grutas).

Lo encontramos en el trono, en el ajedrez y en las cartas de juego.

(El rey).

Se dice de ella que hace un buen caldo cuando está ya vieja.

(La gallina).

Es el símbolo de la carrera de ciclismo más famosa de Francia.

(El maillot amarillo).

Nos las imaginamos a caballo sobre una escoba.

(Las brujas).

Tapiza las paredes con hojas siempre verdes

(La hiedra).

En la casa está calladito y en el monte pega un grito.

(El rifle).

Cuadrúpedo africano con rayas negras y blancas.

(La cebra).

Había muchos en *Parque Jurásico*.

(Los dinosaurios).

No deja nunca de bailar sobre las olas aunque no tiene pies.

(La barca).

Se trata de un animal doméstico que ve muy bien durante la noche.

(El gato).

Así se llama al jefe de los marineros en un barco.

(Contramaestre).

Las ramas de los árboles están repletas de ellas a finales del invierno.

(Las yemas).

Es la tierra de las pirámides.

(Egipto).

Es el nombre que recibe la maleta del alpinista.

(La mochila).

El cuadrúpedo que tiene el cuello más largo.

(La jirafa).

Debe colocarse sobre los caballos cuando se quiere montarlos.

(La silla).

Los jinetes los llevan para pedir al caballo que vaya más rápido.

(Las espuelas).

¿Cuál es el animal que ruge a la puerta del Congreso de los Diputados?

(El león).

Se trata del nombre de la compañía nacional de aviación española.

(Iberia).

Antes de saborearlo, hay que mezclar agua, harina blanca, sal y levadura, y colocarlo todo en un horno muy caliente.

(El pan).

Los coches, los autocares y los camiones lo utilizan para atravesar el mar.

(El transbordador).

No tienen patas pero las tendrán cuando sean mayores.

(Los renacuajos).

Es amigo de las pastas y a los ratones les gusta muchísimo.

(El queso).

Lleva con ella una pequeña lámpara que apaga y enciende. ¿Quién será?

(La luciérnaga).

Se lanza, se coge, se tira y se hace botar.

(La pelota).

Mi bonito gorro redondo es rojo, blanco o marrón.

Mi pie es corto o largo, depende... Soy...

(La seta).

Me cuecen de muchas formas.

Si me hierven soy duro.

Sólo me comes roto tanto crudo como cocido.

No puedo estarme quieto, ni sentado, ni de pie.

Soy...

(El huevo).

Siempre ligeras descansan sobre las flores.

Tienen las alas de todos los colores: rojo, marrón, amarillo, turquesa.

Vuelan y giran sin cesar.

Son...

(Las mariposas).

Rojas y pulposas en pendientes o a montones.

Somos la alegría de los niños.

(Las cerezas).

Soy una madre que trabaja sin cesar.

Tengo cinco hijos que se mueven continuamente.

Para protegerme me colocan un guante.

Soy...

(La mano).

Lo vemos cuando los demás nos escriben. ¿Quién es?

(El cartero).

Sólo se obtiene cerrando los ojos, pero gracias a él vemos cosas extraordinarias.

(El sueño).

Se puede saltar sin hacerse daño en los pies.

(La comida).

¿Qué es lo que aumenta quemando?

(Las cenizas).

Cuando está en una botella lo vemos.

Cuando está fuera lo olemos.

¿Qué es?

(El perfume).

Entre las plantas, cuando llega la
noche mi música distendida
se expande y se repite. ¿Quién soy?
(El grillo).

Somos verdes en primavera,
magníficas en verano
y amarillas en otoño
cuando el viento se nos lleva.
(Las hojas).

¡Esta es mi historia!
No me rompo si me tiran por el
suelo,
ni siquiera en un jarrón de inver-
nadero.
¡Pero en el agua es increíble!
(La arcilla).

Una fila de pequeñas hermanas,
blancas, brillantes y muy peque-
ñas.
   ¿Sabes lo que les gusta hacer?
   Comer, reír y hablar.
(Los dientes).

En un libro completamente negro,
no soy una pluma y escribo, en blanco o en color. Explica este misterio.
(La tiza).

Si se equivoca en su trabajo arries-
ga su vida.
(El carnicero).

Para recogerla es necesaria la llegada de la vendimia.
(La uva).

Algunos días se llena de gente que
grita.
(El estadio).

Permite al comandante de un sub-
marino sumergido ver lo que pasa
fuera del agua.
(El periscopio).

Es un formidable nadador y un
buen constructor.
(El castor).

Una bonita ciudad que tiene como
símbolo la Torre Eiffel.
(París).

El cocinero la utiliza para hacer el
puré de patatas.
(La leche).

Si las bicicletas corren por el veló-
dromo y los coches por los circui-
tos, ¿por dónde correrán los caballos?
(En el hipódromo).

¿Con qué cereal se preparan las pa-
lomitas?
(Con el maíz).

Si hoy es miércoles, ¿qué día será
pasado mañana?
(Viernes).

Los motoristas lo utilizan en lugar
del volante.
(El manillar).

Se puede tomar si se paga, pero no
si se va en bicicleta o a pie.
(La autopista).

La de la oca se utilizaba para escribir en la Edad Media.
(La pluma).

Si levanta la mano en un cruce todo el mundo se detiene.

(El policía).

Aunque es ciega, te guía de noche y de día, en el cielo, en la tierra y en el mar, incluso cuando hay niebla.

(La brújula).

Puedes verte cuanto quieras si te quedas delante.

(El espejo).

Si lo pasas sobre una hoja deja una señal oscura por el camino recorrido.

(El lápiz).

Se viste en verano y se desviste en invierno, cambiando de ropa cada año.

(El árbol).

Se puede llenar de vino hasta el cuello sin emborracharse.

(La botella o la garrafa).

Algunas veces sabe hablar pero no hace más que repetir lo que los demás ya han dicho.

(El loro).

Recibe por todas partes agua dulce y, sin ningún laboratorio, consigue que sea salada.

(El mar).

Soy un instrumento útil para todo el mundo, desde los costureros a los cirujanos, pasando por los peluqueros.

(Las tijeras).

¿Cuál es la segunda vocal del alfabeto después de la a?

(La letra e).

¿En orden alfabético, se coloca antes José, Jacobo o Julio?

(Jacobo).

¿Cuál es la tercera consonante después de la de?

(La letra hache).

Forman una fila sobre el cuello de los caballos.

(Las crines).

Se trata de una bicicleta de dos plazas.

(Un tándem).

Los más peligrosos tienen un semáforo tricolor o un agente de tráfico.

(Los cruces).

Se parece exactamente a alguna otra persona.

(Un sosia).

En un año hay cincuenta y dos.

(Las semanas).

Son cortos en las ocas y largos en los cisnes.

(Los cuellos).

Nos damos cuenta de que existe cuando sopla el viento.

(El aire).

Está en la boca del policía y en la del árbitro.

(El silbato).

Se utiliza en el tenis, en el balonvolea y en el waterpolo, pero no en atletismo.

(La red).

¿Cuál es la verdura que más gusta a los caballos? ¿El apio, la alcachofa, la zanahoria o la patata?

(La zanahoria).

¿Qué nombre le damos a la cría del caballo?

(El potro).

Se emplea para la garganta en invierno, aunque no es ni una pastilla ni un jarabe.

(La bufanda).

Los enfermos y los que quieren adelgazar siguen uno que puede ser más o menos estricto.

(El régimen).

Siempre que puede hace leer a sus clientes.

(El oftalmólogo).

Material necesario
(por equipo)

✗ 4 hojas de papel y sobres
✗ bolígrafo
✗ 4 tréboles
✗ un barril
✗ serrín
✗ una llave u otro objeto
✗ 2 pequeñas botellas de plástico con su tapón
✗ judías secas
✗ harina
✗ 2 pequeños globos e hilo para atarlos
✗ un rollo de hilo

La caza del tesoro

Escribiremos en la cabecera de las cuatro hojas de papel el título «Diario de caza», y entregaremos una a cada equipo.

Dibujaremos en una hoja (de la que haremos una copia para cada equipo) figuras geométricas muy irregulares, como las que pueden verse abajo, a la izquierda. Sólo deberán tacharse las figuras que presentan una misma característica —como, por ejemplo, tener cuatro lados—. A continuación, se colocan las hojas en un sobre que pondremos en la etapa número cuatro. En otra hoja, que también se debe fotocopiar, dibujaremos los seis rectángulos que vemos más abajo y se recortan, procurando que todas las líneas se vean bien. Prepararemos un sobre para cada rectángulo, en el que dibujaremos la misma figura y haremos todo un montón con ello.

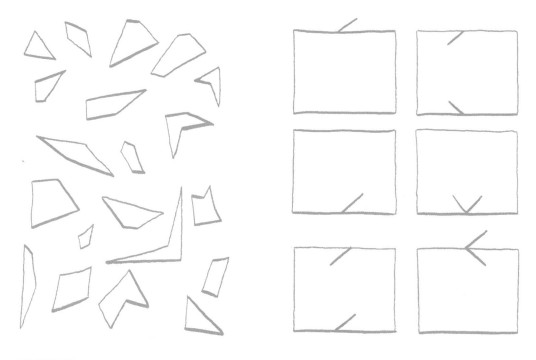

Escribiremos sobre algunas hojas las preguntas de la décima etapa y, en otras, las de la undécima etapa, la frase: «Muy bien, ha conseguido encontrar el tesoro».

Finalmente, apuntaremos sobre otras hojas las instrucciones de las distintas etapas y colocaremos cada una de ellas en un sobre que llevará escrito el número de la etapa a la que se refiere. Llenaremos tres cuartas partes de los barriles con serrín y esconderemos dentro una llave u otra cosa.

Colocaremos los tréboles en escondites cercanos unos de los otros pero separados de todos modos.

Cortaremos cuatro trozos de cuerda y haremos sobre cada uno cinco nudos no muy prietos. Esconderemos los sobres, pero no demasiado (colocando al lado lo necesario para cada prueba), excepto para la undécima etapa, donde deben disimularse lo mejor posible. Elegiremos al animador del juego y organizaremos cuatro equipos de jugadores que deben:

— permanecer agrupados;
— buscar el sobre que dejarán en el mismo sitio tras leer las instrucciones;
— actuar según las instrucciones, llevándose consigo los objetos de las distintas pruebas que se entregarán al final con el diario de caza.

Al principio, el animador confiará a cada equipo el diario de caza y un bolígrafo invitándoles a buscar cuatro tréboles antes de buscar el sobre.

• **Primera etapa.** Colocar veinte judías en una botella pequeña de plástico.

• **Segunda etapa.** Buscar el objeto escondido en el barril.

• **Tercera etapa.** Escribir en el diario de caza el nombre de diez ciudades.

• **Cuarta etapa.** Tachar con el bolígrafo las figuras geométricas de cuatro lados.

• **Quinta etapa.** Hinchar dos globos y atarlos.

• **Sexta etapa.** Insertar los dibujos en sus sobres respectivos.

• **Séptima etapa.** Deshacer los nudos del cordón.

• **Octava etapa.** Escribir en el diario diez nombres de frutas.

• **Novena etapa.** Llenar de harina la botella pequeña y taparla.

• **Décima etapa.** En un aparcamiento, se encuentran dos coches, dos motos, dos triciclos, dos bicicletas y dos carretas. ¿Cuántas ruedas se ven? Escribir la respuesta en el diario.

• **Undécima etapa.** Entregar al animador el material de las distintas pruebas y el diario, avanzando con un solo pie. El animador tiene que verificar que todo está en orden y que las respuestas dadas son correctas. El equipo que comete menos errores y que ha empleado menos tiempo en terminar el recorrido es el ganador.

Material necesario

✗ una pequeña botella de plástico de un cuarto de litro
✗ 10 judías secas
✗ un barril
✗ serrín
✗ una llave
✗ un recipiente
✗ pastas crudas en forma de mariposa
✗ 16 fichas de dominó o piezas de Lego
✗ cartón
✗ un libro o una revista de por lo menos 100 páginas
✗ 10 botones de camisa (5 con cuatro agujeros y 5 con dos)
✗ 7 cajas pequeñas
✗ una bolsa de tela pequeña
✗ un objeto bastante simple
✗ un reloj que indique los segundos
✗ hojas de papel
✗ un pequeño bloc de notas
✗ bolígrafos
✗ rotuladores (cuatro colores)
✗ lápiz y tijeras

Llenaremos tres cuartas partes del barril con serrín y esconderemos en él una llave.

Prepararemos seis plantillas de cartón siguiendo, por ejemplo, el contorno de una llave, de un reloj, etc., y las trasladaremos de nuevo sobre una hoja de la que haremos tantas copias como jugadores haya.

Escribiremos sobre otra hoja el nombre de quince animales, mezclando peces, mamíferos, carnívoros y herbívoros.

Llenaremos hasta el borde un bote con las pastas.

Colocaremos en la bolsa un pequeño objeto que sea fácil de reconocer al tacto (por ejemplo, un reloj), y la cerraremos bien.

Recortaremos en el cartón veinte rectángulos y los pintaremos con los rotuladores de cuatro colores distintos: cinco rectángulos por cada color.

Escribiremos sobre otra hoja algunas preguntas muy sencillas, dando por cada una de ellas una respuesta correcta y dos falsas, por ejemplo: «¿El mes de las flores es mayo, julio o septiembre?» O, por ejemplo: «¿Qué instrumento está formado por una única pieza: el cascanueces, las tijeras o el abrebotellas?»

En el bloc de notas, se hace una lista con el nombre de todos los jugadores y, al lado, once columnas en las que se indicarán los puntos de cada prueba.

En una hoja de papel, de la que se tienen que hacer tantas copias como jugadores haya, se escribirán las instrucciones de las pruebas:

— *primera:* colocar, una por una, las judías secas en la botella;
— *segunda:* buscar la llave escondida en el serrín del barril;
— *tercera:* con una única mano, colocar todas las pastas en el recipiente;

— *cuarta:* utilizar las fichas de dominó para construir un cuadrado;
— *quinta:* colocar las formas de cartón en las dibujadas sobre la hoja;
— *sexta:* encontrar la página 65 de un libro o de una revista determinados;
— *séptima:* colocar en una pequeña caja los botones de cuatro agujeros y en otra los de dos;
— *octava:* aislar los nombres de los animales herbívoros escritos en la hoja;
— *novena:* escribir en la hoja el nombre del objeto que contiene la bolsa;
— *décima:* escoger por colores los distintos cartones y se colocan en las cajas;
— *undécima:* rodear con el bolígrafo las respuestas correctas a las preguntas.

Escoger a un animador y dos ayudantes que colocarán sobre la mesa las cosas necesarias para las distintas pruebas.

Dar a cada jugador una hoja con las instrucciones y establecer el orden de partida: el animador y sus colaboradores supervisan el buen desarrollo de las pruebas en un tiempo determinado; cuando un jugador ha acabado, colocan de nuevo todo en orden sobre la mesa para el siguiente; en el bloc de notas, al lado del nombre del jugador, anotan los tiempos en la columna correspondiente a la prueba (el tiempo se aumenta con algunos segundos cuando se cometen errores); el ganador es el que ha utilizado menos tiempo en cada prueba.

✗ una cartulina
de color de 60 × 60 cm
de lado
✗ una cartulina blanca
✗ un rotulador
✗ tijeras
✗ regla, lápiz y goma
✗ cola o cinta adhesiva
✗ bloc de notas
y bolígrafo
✗ un trozo de velcro

Las rimas

Dibujaremos una línea en medio de la cartulina de color: escribiremos en el lado izquierdo con el rotulador entre diez y quince palabras; en el lado derecho, al lado, pegaremos varios trocitos de velcro utilizando sólo la parte rígida.

Dibujaremos dos rectángulos en la cartulina blanca de 15 × 3 cm y en cada uno de ellos escribiremos una palabra que rime con una de las escritas en la cartulina de color; por ejemplo *martillo* con *grillo*, *perro* con *gamberro*, *llave* con *clave*, *botón* con *corazón*, *caramelo* con *pomelo*, etc.

Recortamos los rectángulos para hacer las etiquetas. Detrás de cada una, pegaremos un trocito de velcro utilizando la parte blanda.

Mezclaremos las etiquetas sobre la mesa con una palabra escrita girada hacia arriba.

Escogeremos a un animador del juego que leerá en voz alta una palabra, escogida al azar entre las escritas sobre la cartulina de color.

Los jugadores elegirán, entre las etiquetas de la mesa, la que rima. Quien encuentre la correcta, deberá colocarla en el lugar correspondiente de la cartulina.

El juego se termina cuando se escogen todas las palabras y se colocan todas las etiquetas.

Se ganan dos puntos en las seis primeras parejas conseguidas, y un punto para las demás. La última no cuenta.

El animador anota cada vez el nombre del jugador que acierta; el ganador es el que consigue la puntuación más alta.

martillo	grillo
perro	gamberro
llave	clave
botón	corazón
caramelo	pomelo
gente	puente
bruces	luces
cola	cacerola
manzana	banana
lotería	pastelería

El «tronco de árbol robusto»

Material necesario

✗ una botella de plástico llena de arena y cuidadosamente cerrada

Colocaremos una botella en el centro de la estancia.

A continuación, haremos que los jugadores formen un círculo cogidos por los hombros o, si lo prefieren, por las manos. Sin soltarse, tienen que zarandearse, estirarse y girar de forma que uno de ellos se vea obligado a dar un puntapié al bolo.

El animador tiene que hacer de árbitro, comprobar que el juego se desarrolle bien y que los que se sueltan o dan golpes violentos sean descalificados.

El que hace caer el bolo tiene dos posibilidades: retirarse de la partida o pagar una prenda si quiere continuar jugando.

El ganador será el que tiene más fuerza y sabe dosificar su potencia, su equilibrio y su comportamiento con los demás: se le proclamará «tronco de árbol robusto» y se convertirá en el árbitro de la próxima partida.

El rectángulo de la suerte

Dibujaremos en una cartulina cuatro líneas verticales con el rotulador para obtener cinco tiras del mismo tamaño que se dividirán para obtener dieciséis sectores, cada uno de ellos inversamente proporcional al tamaño de la cifra que indica.

Dejaremos la cartulina en el suelo y, a algunos metros de distancia, dibujaremos una línea con la tiza o la marcaremos con la cinta adhesiva.

Propondremos una adivinanza para determinar quién será el animador del juego y pondremos a los demás niños en fila india, detrás de la línea: el primero de la fila tira el botón sobre la cartulina y, mientras el animador anota la puntuación obtenida, vuelve a ella y deja a otro el primer lugar de la cola.

El lanzador tiene que intentar acertar los sectores con la cifra más elevada que, de todos modos, son los de menos tamaño. Para acertarlos, es necesario tener puntería y mucha suerte: si el botón no cae en ningún sector sino que permanece en la unión de varios, nadie obtendrá ningún tanto. Si cae a caballo entre dos sectores, la puntuación será la más baja. Cuando todos hayan hecho cinco lanzamientos, se sumarán las puntuaciones para ver quién ha obtenido la más elevada.

El globo volador

Hincharemos el globo y haremos que los niños se sienten en círculo, con las piernas cruzadas, a dos o tres pasos los unos de los otros.

Lanzaremos el globo en medio del círculo. Los jugadores deberán mantenerlo en el aire: pueden cogerlo y volverlo a lanzar, o bien empujarlo hasta otro jugador. Quien lo lance sin que sea posible reenviarlo o demasiado bajo o demasiado alto, deberá abandonar el círculo.

Los jugadores que quedan cierran un poco el círculo y continúan jugando hasta que sólo quedan dos: uno de ellos será el ganador.

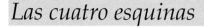

Material necesario

✗ 4 bastones de madera
✗ papel de embalar blanco
✗ grapadora o cinta adhesiva transparente
✗ regla, lápiz y goma
✗ rotuladores de colores
✗ bolas de plastilina

Las cuatro esquinas

Prepararemos cuatro banderas rectangulares o triangulares que se pueden dejar en blanco o colorear con el rotulador.

Con la grapadora o la cinta adhesiva, pegaremos cada una de las banderas sobre uno de los bastones.

Clavaremos los bastones (si el juego tiene lugar en el exterior, en el suelo y, si no, en las bolas de plastilina), delimitando un cuadrado de 5 a 6 m de lado donde deberán colocarse los jugadores.

El animador ocupa su lugar en el centro del cuadrado, mientras cuatro jugadores se colocan cada uno cerca de una bandera (que hará de casa), y da la señal de salida.

Los cuatro jugadores tienen que abandonar su refugio para correr a gran velocidad hacia otro, evitando a ser posible dirigirse dos hacia el mismo, mientras que el animador intenta ocupar uno de los cuatro rincones libres: si lo consigue, el que se ha quedado sin casa se convierte en el animador de la partida siguiente; en caso contrario, se queda en el centro y prueba de nuevo su suerte.

¿Por quién doblan las campanas?

Pasaremos la cuerda por una de las campanas, haremos un nudo y, cada 10 cm, colocaremos las demás campanas.

Colgaremos la cuerda del techo, de manera que quede a un metro del suelo.

Hincharemos el globo y haremos un nudo. A cierta distancia, dibujaremos una línea en el suelo a partir de la cual se lanzará el globo para golpear la cuerda.

Cada jugador tiene derecho a tres lanzamientos y no puede sobrepasar la línea. Los espectadores pueden animar pero no soplar sobre el globo para ayudar.

Los lanzamientos que alcancen su objetivo serán pocos debido a la dificultad de dirigir la trayectoria de un globo tan ligero; pero el vencedor será el que consiga el máximo número de lanzamientos.

Material necesario

✗ distintos objetos
o juguetes
✗ cartón rígido
✗ lápiz y goma
✗ un pequeño pedazo
de celofán o de plástico
transparente
✗ cola
✗ tijeras

Sherlock Holmes

Dibujaremos sobre un cartón la silueta de una lupa de 10 cm de diámetro y un mango de 2 cm y la recortaremos haciendo también el agujero para el cristal. Reproduciremos esta forma sobre otro pedazo de cartón y la recortaremos también.

Insertaremos el celofán o el plástico transparente entre las dos formas de cartón y las pegaremos entre sí. Las dejaremos secar y eliminaremos las posibles rebabas con las tijeras.

Colocaremos los objetos en el suelo y escogeremos a un niño para que haga de detective. Lo haremos mientras cantamos la siguiente coplilla:

Escucha y mira aquí y allá;
tu celebridad aumentará.
Si miras arriba y abajo,
en inspector te convertirás.

Entregaremos la lupa al detective, quien deberá mirar los objetos y memorizarlos y luego haremos que salga de la habitación. Escogeremos al ladrón cantando esta otra copla:

En los pueblos y en las ciudades,
todo el mundo tendrá miedo.
¡Un, dos, tres,
serás de los ladrones el rey!

El ladrón tiene que robar un objeto y esconderlo. Cuando haya entrado de nuevo en la habitación, el detective tendrá que adivinar qué es lo que falta: si su respuesta es la correcta, también tiene que descubrir quién es el ladrón y, para ello, interrogar a los testimonios. Puede plantear cualquier pregunta menos las directas («¿eres tú?» o «¿cómo se llama el ladrón?»). Si Sherlock Holmes no consigue adivinarlo después de varios intentos, dejará su lugar al ladrón.

Material necesario

✗ una cartulina de
50 × 70 cm o una hoja
de papel de embalar
✗ rotulador negro
de punta gruesa
✗ un trozo de cuerda
✗ botón fino y curvado
o papel de aluminio
✗ bloc de notas y lápiz

Sopla, sopla

Dibujaremos los cinco círculos concéntricos de una diana sobre la cartulina: cuando el centro esté marcado, engancharemos el rotulador a la cuerda y la haremos girar. Entre un círculo y el otro, dejaremos el espacio suficiente para escribir las cifras 10, 20, 30, 50 y 100, es decir, las distintas puntuaciones.

En una esquina, dibujaremos un rectángulo: será el punto de salida.

Colocaremos el cartón en el suelo o en una mesa y el botón sobre la salida.

Los jugadores, uno después del otro, soplando sobre el botón, tendrán que empujarlo hacia el centro: sólo se puede soplar una vez por turno y no hay que utilizar las manos.

Al cabo de cinco turnos, acabará el juego.

El animador anota la puntuación conseguida por cada uno y coloca, en cada nuevo turno, el botón en el punto de salida: si este se detiene entre dos círculos o a caballo, se atribuye al jugador la puntuación más baja.

Al final de la partida, se sumarán las puntuaciones y se proclamará un vencedor.

Para complicar un poco el juego, si el espacio lo permite, se puede hacer una diana mucho más grande con papel de embalar y utilizar una bola con papel de aluminio arrugado: a diferencia del botón, la bola rueda y se debe controlar la intensidad del soplido que se le envía; el jugador que pueda conseguir detener la bola justo en el centro será «el gran campeón de soplidos».

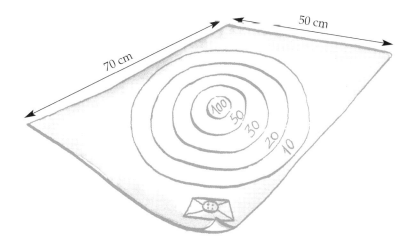

Tiro al arco

Recortaremos una tira de cartón de 1 m de largo y 50 cm de alto.

A un tercio del borde inferior, con un lápiz y un compás, dibujaremos tres arcos de 10 a 15 cm de alto y de 30 cm de ancho para los de las esquinas, y de 20 cm de ancho para el del medio. Para que parezca más real, dibujaremos los ladrillos con rotulador y luego recortaremos los arcos. Con el fondo de la caja haremos la base.

Colocaremos esta estructura en el suelo, procurando que la parte trasera de la base quede a 10 cm de la pared, y a 2 m de los arcos dibujaremos una línea de tiro con tiza o la marcaremos con la cinta adhesiva.

Sin sobrepasar la línea de tiro, los jugadores lanzarán sus bolas a ras de suelo y las enviarán dentro de los arcos, apuntando bien para sobrepasar el pequeño escalón formado por la base de la estructura y alcanzar a continuación la pared del fondo, sin volver hacia atrás. Los tiros que queden fuera de los arcos o que no lleguen a sobrepasar los arcos no puntuarán.

Cada participante puede realizar tres tiros; luego se pone de nuevo en la fila para la segunda vuelta.

El animador recoge las bolas que se han tirado después de cada turno para dárselas al jugador siguiente, anota las puntuaciones y comprueba la validez de los tiros. Al final suma las puntuaciones y nombra al vencedor.

✗ una caja larga de cartón de por lo menos 30 cm de alto
✗ cartulina
✗ papel de color (para collages o papiroflexia)
✗ cola de barra
✗ pequeño cuchillo o cúter
✗ rotulador
✗ tijeras
✗ lápiz y goma
✗ tiza o cinta adhesiva de color
✗ bolas de espuma

Tiro al blanco

Dibujaremos en la cartulina la cabeza de un animal que muestre las fauces: león, lobo, boa, ballena, oso, etc.

Con papel de colores haremos los ojos, la nariz, los dientes y la lengua.

Dibujaremos los bigotes y los demás detalles con el rotulador.

Cortaremos la cabeza y, con la ayuda de un cuchillo o un cúter, el interior de la boca o bien la colorearemos de negro dejando los dientes blancos.

Pegaremos la cabeza en uno de los laterales de la caja.

Con una tiza o una cinta adhesiva de color, trazaremos una línea en el suelo y colocaremos la caja a por lo menos tres pasos de distancia.

Entregaremos algunas pelotas a cada participante (por ejemplo, ocho) y contaremos el número que se hace entrar en la caja. Si alguna salta y cae fuera, no se contará. Ganará el jugador que consiga encestar más.

Juegos que deben prepararse en el mismo momento

A ciegas

Dispondremos un recorrido que incluya algunos obstáculos: una pequeña mesa baja, una silla, un revistero y algunas botellas de plástico sabiamente esparcidas que deben esquivarse por la pareja de jugadores sin golpearlas. No se permiten atajos.

Hay que nombrar dos animadores para dos equipos de jugadores que, con papel y lápiz en mano, indicarán los errores cometidos por los adversarios.

A la señal de salida de uno de los animadores, la primera pareja de su equipo empieza a recorrer toda la zona, procurando que no choquen con los obstáculos y sin saltarse ninguna etapa, mientras que el animador del equipo contrario marca sus puntos de penalización. A continuación, llega el turno de la primera pareja del otro equipo.

Cuando todas hayan terminado la primera vuelta, los animadores cuentan los puntos de penalización. Empieza entonces la segunda vuelta, si bien esta vez los participantes tienen los ojos vendados. De este modo, harán el recorrido a ciegas aunque guiados por su animador (el único que puede hablar), que sólo puede indicar cuatro direcciones (adelante, hacia atrás, a la derecha, a la izquierda). El animador del equipo contrario marcará un punto cuando:

— la pareja toca un obstáculo o deja caer una botella;
— el otro animador hace alguna indicación no permitida;
— otro miembro del mismo equipo habla.

Cuando termina la segunda vuelta, se suman los puntos. El equipo que tenga menos puntos será el ganador.

¡El lobo, el lobo!

Trazaremos dos círculos o dos líneas, los apriscos, a 15 o 20 pasos el uno del otro, y elegiremos a dos animadores para juego: el primero será el pastor y el segundo el lobo.

Los demás jugadores, los corderos, se colocarán en uno de los cercados, detrás del pastor, en fila india y sujetándose por la cintura. Conducidos por el pastor, los corderos tienen que atravesar el prado para llegar al otro aprisco; el lobo se precipita sobre el último cordero de la fila mientras grita: «¡El lobo! ¡El lobo!»:

si consigue tocarlo, el cordero abandona el rebaño y se coloca detrás de él sujetándolo por la cintura.

El juego continúa hasta que todos los corderos estén en el campo del lobo que, en la siguiente partida, será el pastor y este último ocupará su lugar.

Un pulso

Los participantes, que deben tener la misma complexión, se colocan uno frente al otro alrededor de la mesa, sobre la que apoyan el codo. Cruzan sus manos y las sujetan fuertemente mientras dejan el otro brazo en reposo, ya que no pueden utilizarlo.

Al oír la señal del animador («¡preparados, listos, ya!»), cada jugador intenta abatir el brazo del otro, que resiste con todas sus fuerzas: el vencedor es el que consigue que la mano de su adversario toque la mesa.

Las reglas son pocas: no se puede estirar, sólo empujar; no es posible levantarse de la mesa ni alzar el codo de la mesa; en caso contrario, el jugador será descalificado.

¡Cambio!

Dividiremos a los jugadores en dos equipos y, lanzando una moneda al aire o sacando la carta más alta de un juego, escogeremos a los que harán de liebres, que deberán ponerse en cuclillas, y a los que harán zorros, que se pondrán a cuatro patas (si el número de jugadores es impar, tendremos que designar un animador).

Corriendo sobre sus cuatro patas, cada zorro persigue a su liebre, que huye saltando con las dos piernas. Si le alcanzan, quedará fuera de juego.

Pero todos, incluso las liebres que han tenido que abandonar el juego, deben estar atentos puesto que, en un determinado momento, el animador ordenará que las liebres se transformen en zorros y viceversa. Si la orden se da con cierta frecuencia, el juego será más divertido.

El rodeo

Para crear una atmósfera del Lejano Oeste, haremos un cercado con un círculo de sillas.

Escogeremos al animador y dividiremos a los jugadores en dos equipos: el de los caballos y el de los vaqueros.

A continuación, dos vaqueros montarán en dos caballos durante un minuto. El que esté más tiempo en la silla ganará un punto para su equipo.

El animador y su ayudante se encargarán de la puntuación y adjudicarán la victoria al equipo que obtenga más puntos.

La carretilla

Mediante un sorteo se formarán las parejas. Los dos últimos serán los animadores del juego.

Con la tiza o la cinta adhesiva de color, dibujaremos o marcaremos una línea de salida y, a unos diez pasos, otra para la primera etapa.

Un animador se coloca sobre la línea de salida, donde se alinean los jugadores, y el otro en la segunda.

El campo se deja libre a los jugadores y las parejas se enfrentan de dos en dos: uno se coloca a cuatro patas, en equilibrio sobre las dos manos y las dos rodillas, mientras que su compañero se mantiene de pie detrás de él y lo coge por los tobillos, preparado para levantarlo a una señal del animador y guiarlo hacia la línea de llegada. No hace falta empujar demasiado porque es la «carretilla» la que debe determinar el ritmo según sus posibilidades.

Después de cruzar la línea de llegada, los jugadores tienen que intercambiar los papeles y volver en el sentido contrario hacia la línea de salida: la pareja que llega en segunda posición quedará eliminada. Las eliminaciones se continúan hasta que sólo quede una pareja, la vencedora.

La estafeta de correos

Designaremos al animador del juego y organizaremos dos equipos con los jugadores en fila formando dos líneas paralelas.

El animador colocará una caja en cada fila y, algo más adelante, una silla. A continuación dará a cada equipo:

— al primero, una botella, que hará de testigo;
— al segundo, un libro o una revista para mantener en equilibrio sobre la cabeza;
— al tercero, una cuchara con una pelota encima para sujetarla con una sola mano.

A continuación, daremos la señal de salida y pondremos en marcha el cronómetro: los primeros tienen que ir hacia las cajas, saltar por encima, rodear las sillas, volver hacia atrás y confiar el testigo a los que tienen el libro sobre la cabeza.

Estos últimos deben realizar el mismo trayecto y entregar el testigo a los que sujetan la cuchara con la pelota de ping-pong, que a su vez deben acabar el recorrido, tanto de ida como de vuelta. Si se desea, pueden añadirse algunas dificultades que a buen seguro harán el juego más divertido: hacer una parte del camino con un solo pie o con paso de hormiga, caminar sobre los talones o de lado, saltar con los pies juntos, etc. El jugador que haga caer o desplace la caja o la silla deberá detenerse y colocarla de nuevo. Quien deje caer el libro o la pelota los devolverá a su sitio para no descalificar a su equipo.

El animador toma nota del tiempo de cada participante y al final suma los resultados de cada equipo. Gana el que haya obtenido la mejor marca.

Los bolos con vida

Antes de empezar, escogeremos al jugador que hará de boliche, designaremos a un animador, organizaremos dos equipos y seleccionaremos al jefe del equipo mediante adivinanzas.

Dibujaremos o señalaremos una línea en el suelo con la tiza o la cinta adhesiva y colocaremos el boliche en el lugar escogido por el equipo que juega en segundo lugar.

El primer equipo lanza la primera bola: un jugador con los ojos vendados y las manos extendidas hacia delante intenta colocarse lo más cerca posible del boliche.

Los demás miembros de su equipo le guían dándole diversas órdenes («avanza», «retrocede», «a la derecha», «a la izquierda»). Transcurridos diez segundos, el jugador tiene que detenerse y pasar el pañuelo a un jugador del otro equipo.

Cuando se han lanzado todos, se adjudica un punto a los jugadores que hayan quedado más cerca del boliche. Ganará el equipo que logre el mejor resultado.

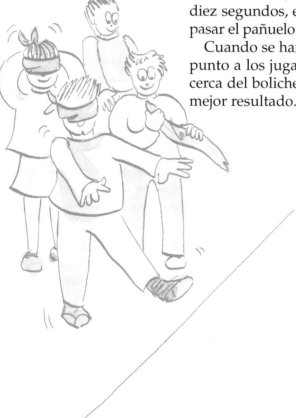

Cuidado con los zapatos

Formaremos dos equipos de jugadores y los colocaremos en dos filas. Los dos primeros jugarán a cara o cruz con una moneda para determinar qué equipo tiene que empezar. A continuación contarán de 50 a 0. Durante todo ese tiempo, los jugadores observarán con mucha atención los zapatos de sus adversarios y, al llegar a cero, abandonarán la habitación. El equipo que se quede se descalzará y amontonará los zapatos. A continuación, se hace entrar a los otros jugadores, quienes deberán sacar del montón de zapatos los de cada adversario y entregarlos al destinatario en menos de un minuto.

A continuación, se intercambian los papeles y, cuando la partida termina, se cuentan los errores cometidos por los dos equipos: gana el que comete menos errores.

Material necesario

✗ un botón de tamaño mediano

Ojo de lince

Mediante una copla o una adivinanza se decide quién empezará la partida y se le confía el botón. A continuación, los demás abandonan la sala. El jugador escogido coloca el botón en un lugar bien visible. Luego los llama, hace que se siente y les dice: «Todos vosotros podéis ver el botón. Levantaos para cogerlo pero sólo si lo habéis visto de verdad». Cada jugador agudizará el sentido de la vista hasta lanzarse sobre su presa: si no se ha equivocado, ganará el título de «gran ojo de lince» y, a su vez, podrá hacer salir a los demás y esconder el botón para la partida siguiente.

Material necesario

✗ una pelota
✗ una tiza o cinta
adhesiva de color

La pelota envenenada

Empezaremos por marcar los límites de una zona bastante grande con una tiza o una cinta adhesiva que será el refugio en el que los jugadores deberán moverse. Designaremos un animador mediante un proceso de selección: el último jugador será el que haga de «envenenador».

A continuación, los demás jugadores deben entrar en el refugio.

Desde el exterior, el envenenador, que no puede entrar en el refugio, ha de intentar golpear a los jugadores con el balón; para evitar ser alcanzados, los jugadores pueden saltar, doblarse, correr, bajar, cambiar de sitio o hacer fintas, pero no pueden salir del refugio, ni siquiera sacar un pie: si es alcanzado o sale del refugio, deberá abandonar el juego.

Sólo los golpes directos del envenenador son válidos. Cuando la pelota haya tocado el suelo, perderá sus poderes y podrá ser recogida por los jugadores y reenviada al envenenador, quien empieza de nuevo sus tiros hasta que sólo quede un jugador en el refugio y que se convertirá en el envenenador de la siguiente partida.

Un poco de escuela

Cada jugador tiene que sacar una carta: el que obtenga la más alta empieza el juego, diciendo a su vecino de la izquierda una de las siguientes palabras: *tierra*, *aire* o *agua*.

El interpelado tiene que responder de inmediato proponiendo el nombre de un animal que viva en el medio citado: si da una respuesta correcta puede girarse hacia su vecino de la izquierda para plantearle la misma pregunta; si se equivoca, esperará a que termine el juego y pagará la prenda que proponga el vencedor.

El mercado

Los niños tienen que sentarse en círculo y escoger al que empezará primero diciendo: «Ayer fui al mercado y compré...».

Cuando haya nombrado el objeto comprado, por ejemplo, un jersey, su vecino de la izquierda continuará diciendo «ayer fui al mercado y compré un jersey y...», y añadirá el objeto que ha escogido (por ejemplo, un gorro).

Su vecino de la izquierda tomará el relevo: «Ayer fui al mercado y compré un jersey, un gorro y...».

Y así continuarán aumentando la lista de objetos hasta que todos hayan hablado. El juego consiste en acordarse de todo cuanto se ha comprado y aumentar la relación sin repeticiones y sin perder tiempo. Quien no consiga repetir la lista completa o no sabe qué objeto añadir en los cinco segundos que se le conceden, sale del juego. Cuantos más jugadores haya, mayor será la dificultad; en cambio, si los niños son pocos, se puede complicar el juego pidiéndoles que añadan un adjetivo al nombre; por ejemplo, un jersey azul, guantes suaves, etc., y hay que esforzarse para encontrar un adjetivo apropiado, sin limitarse a palabras comunes como *grande*, *pequeño*, *largo*, etc.

Escucha y asocia

Escogeremos al animador mediante una adivinanza y haremos que los jugadores se coloquen en círculo. El animador, dirigiéndose a su vecino de la izquierda, dirá una palabra (por ejemplo, *flor*), y el interpelado dirá otra relacionada con ella (*jarrón, pétalo, hierba*, etc.) y a su vez se dirigirá a otro compañero. El jugador que no consiga encontrar una palabra adecuada o tarde demasiado en responder, tendrá que pagar una prenda al final del juego.

El boxeo del pingüino

El juego se desarrolla entre dos jugadores. Los niños están uno frente al otro con las manos detrás de la espalda y han de aguantarse sobre un pie. A una señal del animador, deberán empujarse para obligar al adversario a poner el pie en el suelo. Naturalmente, los jugadores pueden retroceder, saltar y retomar su equilibrio para mantener su posición: si un empujón es demasiado enérgico y hace caer a uno de los pingüinos, él se declarará vencedor y su adversario será penalizado por su comportamiento incorrecto.

La cadena

Escogeremos mediante una adivinanza al animador que ponga en marcha el juego.

A continuación, los demás niños deberán escaparse lo más rápido posible y el animador los perseguirá intentando cogerlos o tocarlos para convertirlos en eslabones. El niño que se convierte en eslabón ayuda al animador para capturar a otros hasta que la cadena esté completa. El vencedor será el que resista los embates de sus compañeros y se convertirá en el animador de la partida siguiente.

El alfabeto

Haremos que los jugadores se sienten formando un círculo y designaremos al animador, que da el nombre de una fruta empezando por la primera letra del alfabeto (por ejemplo: «esta mañana he comido un albaricoque»). A continuación se gira hacia su vecino, quien debe añadir un nombre empezando por la segunda letra del alfabeto («esta mañana he comido un albaricoque y una banana»). Cada uno tiene que recordar las frutas, repetirlas en orden y añadir una nueva que empiece por la siguiente letra del alfabeto.

Los nombres de animales o de flores también están autorizados, y también los personajes que los niños conocen. Se pueden saltar las letras difíciles. El jugador que no consiga repetir la lista o añada un nombre que ya se ha dicho, queda eliminado y tendrá que pagar una prenda al final del juego.

Prohibido decir «porque»

En este caso se propondrá una adivinanza para designar al animador que plantea preguntas que empiecen por la locución *por qué*.

Los jugadores tienen que dar respuestas adecuadas y no decir nunca *porque*, algo que no es tan fácil como parece. Las preguntas del animador del juego son arriesgadas y los jugadores tienen que concentrarse para responderlas: el que cae en la trampa y responde empezando con *porque* o no lo hace rápidamente, paga una prenda.

Recorridos cruzados

Escogeremos al animador mediante una adivinanza y colocaremos a todos los jugadores en corro, alejados los unos de los otros, aunque cogidos de la mano.

El animador abandonará su lugar y empezará a girar alrededor de sus compañeros de juego, sin correr y yendo poco a poco para no hacer ruido.

Cuando menos se espere, golpeará la espalda de un jugador y echará a correr. Entonces, el golpeado deberá soltarse de sus vecinos (sin que estos se opongan) y saldrá corriendo en la dirección opuesta. Los dos jugadores intentarán llegar primero al sitio que ha quedado libre.

Cuando se crucen, el animador dejará que su oponente se acerque al corro para compensar la desventaja inicial. Si no fuera así, cuando llegue al sitio libre deberá quedarse fuera y repetir el juego.

Coge el pañuelo y corre

Mediante una adivinanza escogeremos al jugador que llevará el pañuelo y que hará de «distraído».

Los jugadores, separados a una distancia de dos pasos, forman un círculo alrededor del cual correrá el jugador que tiene el pañuelo. Cuando menos se espere, lo dejará caer cerca de un jugador al que toca con la mano. Este deberá recogerlo y correr detrás del distraído, quien continúa corriendo para ocupar el sitio vacante que ha dejado el jugador que le persigue. Si este consigue tocarlo a tiempo, el pañuelo vuelve al distraído, quien deberá repetir el juego. En caso contrario, el distraído ocupará el sitio y su perseguido se convertirá en el nuevo distraído.

■ Las prendas

Tal como se ha comentado anteriormente, las prendas sirven para que los niños se expresen libremente y utilicen su imaginación. Bajo ningún concepto hemos de aceptar que el grupo pida algo que avergüence al jugador que deba pagar la prenda. Sugerimos a continuación algunas de las posibilidades a sabiendas de que estamos lejos de agotar todas las posibilidades.

Don Contrario

El «penitente» tiene que hacer lo contrario de lo que le pide el animador, que puede pedirle que realice movimientos o desplazamientos hacia delante, hacia atrás, etc. La prenda se paga con cinco o seis órdenes que deberán hacerse al contrario.

El calculador

El periodo de vacaciones escolares es una ocasión idónea para ejercitar la mente. Esta prenda precisa la colaboración de dos participantes a los que se les pide dar una cifra cada uno. El animador las utiliza para obligar a hacer al «penitente» una de las cuatro operaciones de cálculo, adaptándose a las cifras propuestas. Después de cinco respuestas exactas, la prenda queda pagada.

El coleccionista

Se necesitan nueve fichas (o pedazos de papel) de tres colores distintos.

Después de mezclar los colores, se distribuyen las fichas a dos niños, que las esconden en su puño. El penitente deberá conseguir en tres minutos tener tres del mismo color en la mano. Para ello, puede pedir una ficha cada vez a uno de los niños o intercambiar una de las suyas esperando obtener el color que le interesa.

El mecánico

Para pagar esta prenda habrá que buscar una docena de tornillos y tuercas, ponerlas en un sobre y darlas a quien haya de pagar. Deberá enroscar hasta el fondo cada una de las tuercas en el tornillo correspondiente o bien desenroscarlas si se las dan montadas. El juego es más divertido si se establece un tiempo máximo que no se puede sobrepasar.

El albañil

Se pone a disposición del penitente unas treinta piezas de un juego de construcción y se le pide que fabrique en un tiempo limitado cualquier cosa con ellos (un pequeño muro, una pirámide, una torre, un arco, etc.).

El puntilloso

Se necesita una bolsa, aunque sea de papel, en la que se tienen que colocar fichas de cinco o seis colores. Si no se dispone de fichas, se pueden utilizar pequeños cuadrados de cartón cortados en una caja de embalaje y coloreados (por lo menos seis por cada color). Cuando ya se han mezclado bien, se esparcen las fichas por el suelo: la prenda consiste en formar pequeños montones separándolas por su color.

El rectificador

Se trata de una prenda para poner a prueba la paciencia del que la prepara y del que la tiene que realizar. El animador le da la vuelta a una simple bolsa de pan de papel, lo más despacio posible para no romperla. El penitente tiene que darle de nuevo la vuelta sin hacer caer migas, lo que resulta muy difícil a causa del pequeño espacio y del riesgo de romper el papel. La misma prenda se puede realizar con una pequeña bolsa de plástico, pero entonces es mucho más fácil.

El costurero

Todos sabemos abotonar una prenda de ropa utilizando las dos manos. La dificultad de esta prenda radica en conseguir abotonar una chaqueta o un abrigo sobre una percha y con una sola mano, levantando la otra en el aire.

El pinche de cocina

Un cocinero distraído vuelca sobre la mesa un recipiente de pequeñas pastas crudas. Su pinche, en nuestro caso el que tiene que pagar la prenda, tiene que colocar todas las pastas en el recipiente con una sola mano manteniendo la otra detrás de la espalda. Los animadores más traviesos pueden utilizar pasta de la más pequeña, incluso arroz.

El atleta

Una carrera de obstáculos no es algo complicado para los niños, pero se convierte en extraordinaria si, como en nuestro caso, se tiene que realizar con los brazos cruzados. Los obstáculos, repartidos en una decena de metros, pueden ser botellas de plástico vacías, cajas de zapatos también vacías, periódicos o revistas abiertos como tiendas de forma que no sea posible caerse si se tropieza con ellos. El pago de la prenda dura hasta que la víctima ha hecho todo el recorrido sin errores. Las exclamaciones «¡boum!» de los espectadores señalarán los obstáculos no evitados que obligarán al pagador a empezar su recorrido desde el principio, después de haber puesto los obstáculos en su sitio.

El equilibrista

El penitente, con una cuchara que contiene una pelota de ping-pong entre los dientes y las manos en las caderas, tiene que flexionar las rodillas y ponerse de pie sin dejar caer la pelota. Si se equivoca, empieza de nuevo hasta que lo consiga.

Soplido y risas

Se necesita un trozo de hilo de nailon, una hoja de una libreta y un poco de cinta adhesiva. Enrollando la hoja en forma de cono y sujetando el borde para que no se desenrolle, se obtiene un embudo del que hay que cortar la punta para hacer pasar el hilo de nailon que los niños tienen que sujetar y tensar. El penitente tiene que hacer que el embudo resbale sobre el hilo de un extremo al otro soplando encima mientras que sus amigos hacen de todo para hacerle reír.

Cuestión de gustos

Para pagar esta prenda es necesario superar cuatro pruebas: decir, hacer, besar y testamento, todas ellas escogidas por el animador:

— *decir:* recitar una poesía, un refrán, un ejercicio de pronunciación más o menos complicado; responder a cuestiones raras; cantar una canción, hacer una lista de los nombres de flores, de animales, de ciudades, de ríos, etc. (sin exagerar el número de cosas que se deben decir);

— *hacer:* algo complicado como imitar los gritos de algunos animales o una profesión; caminar adoptando una postura particular; mantener el equilibrio sobre algo durante un cierto tiempo, etc.;

— *besar:* a uno o varios amigos, por ejemplo los de todo su equipo o los del equipo contrario, u objetos, a condición de que se escojan de forma razonable;

— *testamento:* el interesado debe mantener los ojos vendados y declarar qué cantidad quiere recibir (sin saber de lo que se trata) sobre lo que el animador del juego, de acuerdo con los demás participantes, le propone cuatro o cinco veces: algunas son cosas agradables y otras menos (un pellizco o cosquillas, un pequeño golpe o una caricia, una galleta o una cucharada de agua), pero sin hacerle daño y sin utilizar la fuerza, sobre todo si se trata de pellizcar o de estirar las orejas.

■ Los premios

Los juegos de este capítulo están destinados a una franja de edad que se podría definir como «de transición» en lo que se refiere a la necesidad de sentirse reconocido y recompensado. Hasta seis o siete años, recibir una señal concreta, como puede ser algo de comer, es todavía muy importante. Hacia los nueve años, las exigencias cambian, se afinan, se separan poco a poco de la esfera material para desplazarse sobre el plano psicológico y moral. Evidentemente, la atribución pública del título de vencedor es ya en sí misma una recompensa a la que nadie es insensible. Si además en la «ceremonia» hay aplausos, aunque sea el animador el que los solicite, la recompensa será todavía mayor.

Sin embargo, una señal concreta es también más gratificante y más apreciada, en particular por los más jóvenes de esta franja de edad. Los pequeños pueden desear también una recompensa por su participación, lo que atenúa su decepción de haber perdido: el «premio de consolación», que en los concursos o en las loterías no desdeñan ni siquiera los adultos. En las competiciones individuales con eliminatorias, la distribución de pequeñas galletas o de objetos comunes para los niños de esta edad queda justificado; por ejemplo, un sobre con imágenes autoadhesivas para un álbum, una goma, una estrella fugaz autoadhesiva, un minijuguete, etc. En los juegos organizados por equipos, los premios tienen que ser compartidos entre los participantes: galletas, una bolsa de caramelos, etc.

La idea de inmortalizar la victoria puede apreciarse igualmente escribiendo los nombres de los vencedores al lado del nombre del juego efectuado, sobre un «diploma» (una sencilla hoja de papel de embalaje) que todo el mundo podrá admirar. Los más mayores apreciarán como recompensa si se les permite asumir un papel activo de animador, algo que es muy fácil de hacer cuando se empieza un nuevo juego, a condición de que todo el mundo tenga ganas de jugar. También es muy agradable para los niños encontrar un momento, poco antes del final de la fiesta, para «recordar» todos los acontecimientos del día, en particular los que se refieran a los juegos. De esta forma se da a los niños la oportunidad de recordar los momentos de satisfacción personal.

El animador tiene que animar y valorar por igual a los niños que han tenido menos suerte para que todos conserven un recuerdo agradable de las horas pasadas juntos y de los juegos en grupo.

De nueve a doce años

■ Las adivinanzas

A las adivinanzas se les puede añadir preguntas algo raras y sobre temas que conocen los niños porque los han estudiado en la escuela o han leído sobre ello.

Con ruedas o sin ruedas, dan alas a los pies de los que se los ponen.

(*Los patines*).

Desde que fue inventada no ha sabido hacer nada más que rodar.

(*La rueda*).

Flor de primavera, delicada y perfumada,
los enamorados me ofrecen a su bienamada,
y yo me escondo como si tuviera miedo.
Bajo mis hojas en forma de corazón me siento muy solita.
Soy...

(*La violeta*).

Tengo espuelas en los pies pero no soy caballero. ¿Quién soy?

(*El gallo*).

Cuando habla se mueve.
Es...
(*La boca*).

El que lo es posee un defecto.
Pero también se encuentra en los monederos de los españoles.

(*El duro*).

Puede estar detrás de la cabeza o en lo alto de una montaña.

(*El cuello*).

Vuela pero es un mamífero.

(*El murciélago*).

Recibe el nombre de ligera, ágil o baja cuando se utiliza para coger algo a espaldas del propietario.

(*La mano*).

Quien las ata quiere escaparse.

(*Las sábanas*).

Supera los obstáculos... también en el tablero.

(*El caballo*).

Es el nombre del pasado más reciente.

(*Ayer*).

Es el juego en el que se come sin cubiertos y manteniendo la línea.

(*Las damas*).

Para ser realmente genial, tiene que ser luminosa.

(*La idea*).

Un proverbio recomienda no colocarlo antes de los bueyes.

(*El arado*).

Cortan peligrosamente si son blancas.

(*Las armas*).

En algunos momentos, se puede tocar con el dedo sin mover la mano.

(*El cielo*).

Se trata de un pájaro que agujerea antes de comer.

(*El pájaro carpintero*).

Cuanto más adentro está más alta será.

(*La mar*).

El dedo que se encuentra también en los libros.

(*El índice*).

Hay una por minuto, dos por momento y nunca en cien años. ¿Qué es?

(La letra eme).

Está siempre en la puerta para que lo oigan en el interior.

(El timbre).

Los gallos tienen una y también algunas montañas.

(La cresta).

Un instrumento de música que no se toca en las escaleras.

(El trombón).

Es realmente una suerte poder tener una desde el nacimiento.

(Una camisa).

Redondo, redondo, no tiene tapa ni fondo.

(El anillo).

¿Los ladrillos, antes de la cocción, son grises, rojos o amarillos?

(Grises).

¿En los tubos de la instalación de la calefacción central, circula aire, agua o aceite?

(Agua).

Somos dos hermanas que siempre trabajamos juntas. ¿Quiénes somos?

(Las manos).

¿El caucho que sirve para fabricar los neumáticos viene de un árbol, de un animal o de un mineral?

(De un árbol).

¿En Europa, la amplitud de las vías es igual en todos los países?

(No).

¿Una décima parte de un kilo pesa más que la mitad de 200 g?

(Es lo mismo).

El grito del pollito es el sollozo, el gorjeo, el chirrido o el pío pío?

(El pío pío).

El alquitrán acabado de poner es negro y luego se vuelve gris. ¿Es debido a la lluvia, al sol o al polvo?

(Al sol).

¿En el franqueo de Correos figura la fecha de envío?

(Sí).

Cuando en España es invierno, ¿en Australia es primavera, verano u otoño?

(Verano).

Los hombres tienen como máximo 32 dientes. ¿Las mujeres tienen más o menos dientes?

(El mismo número).

¿La sangre de los peces es caliente, templada o fría?

(Fría).

Puede utilizar su nariz como una ducha. ¿Quién es?

(El elefante).

¿El puma vive en América del Norte, central o del Sur?

(En la del Norte).

¿Los «cascos azules» son motoristas de la polícia española, astronautas americanos o soldados de la ONU?

(Soldados de la ONU).

¿El fondo que refleja de un espejo está formado por aluminio, plata o plástico plateado?

(De plata).

¿En los navíos y en los barcos, cuando se mira en el sentido de la marcha, la luz de posición se encuentra a la derecha o a la izquierda?

(A la izquierda).

Sin moverme del lecho, no dejo de correr. ¿Quién soy?
(El río).

Se lleva en las marchas porque sabe devolver golpe por golpe a cada réplica. ¿Qué es?

(El tambor).

¿El compás ya se utilizaba en los tiempos de los romanos?

(Sí).

¿La mina del lápiz está hecha de carbón, de grafito o de tinta en polvo?

(De grafito).

Cuanta más hay, menos se ve.
(La oscuridad).

Si A = 1, B = 2 y C = 3, ¿qué número será igual a la letra I?

(El número 9).

Todos tenemos una pero el carnicero puede tener varias.
¿Qué es?

(La lengua).

¿Qué es lo que se encuentra alrededor de la casa y llora cuando el cielo llora?

(El canalón).

¿Las ánforas romanas para conservar el vino tenían la base redonda, plana o puntiaguda?

(Puntiaguda).

Podemos estar tristes o sonrientes, mirar aquí o allá, pero cuando viene la noche cerramos las cortinas. Somos...

(Los ojos).

¿La materia principal de construcción de las ánforas es la arena, la terracota, la arcilla o el cemento mezclado con cal?

(Arcilla).

Puede ser del pie, de apartamento o de exterior.
¿Qué es?

(La planta).

Se dice siempre que la del vecino es más verde que la nuestra incluso cuando no se tiene.
¿Qué es?

(La hierba).

Canta y toca sólo mientras gira pero no es un cantante ambulante.

(El disco o la casete).

¿Para encontrar las palabras correctas, algunos poetas utilizan un metrónomo, un silabario o un diccionario de rimas?

(Un diccionario de rimas).

¿Cuál de estos escritores no es un poeta: Lorca, Machado, Galdós o Gloria Fuertes?

(Galdós).

A pesar de su velocidad y su nombre, no vuela. ¿Qué es?

(El ave).

¿Cuál de estas palabras no se encuentra en su lugar: pescado, angula, hombre rana, nadadora o submarinista?

(Nadadora).

¿Si hoy es jueves, 27 de mayo, qué día será el próximo jueves?

(Jueves, 3 de junio).

¿Quién cierra un ojo para ver mejor?

(El cazador o el tirador).

¿Cuántos recipientes de un cuarto de litro se necesitan para vaciar dos botellas de un litro?
(Ocho).

¿Cómo puedo caminar normalmente permaneciendo quieto ante el mismo paisaje?
(Si estuviera sobre un medio de transporte que se desplazara en el sentido inverso al de mi marcha).

Los que están distraídos ponen su cabeza dentro. ¿Qué es?

(Las nubes).

¿Hacia qué punto cardinal se extiende el viento del sureste?

(Del noroeste).

¿Cómo se llama la figura de conjunto formada por los puntos cardinales?

(La rosa de los vientos).

¿El oriente se encuentra al sur, al nordeste, al oeste, al este, al noroeste o al sureste?

(Al este).

Se trata del Estado más pequeño del mundo, con un ejército de soldados que vienen de otro país. ¿Cuál es?

(La ciudad del Vaticano).

Puede ser del sol o de la luz, pero es siempre recto.

(El rayo).

Los mapas, los trabajos con perspectiva y las estadísticas tienen una palabra en común. ¿Cuál es?

(La escala).

Si la quilla de un barco tiene un calado de 6 m, ¿qué calado tendrá con una marea de 2 m?

(Siempre 6 m).

¿La serpiente de agua es venenosa sólo sobre la tierra, sólo en el agua, siempre o nunca?

(Nunca).

¿Una gran piedra pesa más en la tierra o en el agua?

(En la tierra).

Puede ser el del hombre, el del baile o falso. ¿Qué es?

(El paso).

Siempre dicen que tengo alas pero no es verdad: sólo tengo una hélice que me permite avanzar muy rápido. ¿Qué soy?

(Hidroala).

¿El personaje representado en los billetes de 1.000 ptas. es un hombre o una mujer?

(Un hombre).

La «vigilia» es el día siguiente, el día anterior o el domingo antes de una fiesta?

(El día anterior).

¿Los cordones más adecuados para los mocasines son de cuerda, de plástico o de cuero?

(Los mocasines no llevan cordones).

¿Los monjes que copiaban los manuscritos qué eran?

(Copistas).

Las encuadernaciones se fabrican en papel, en tela o en plástico. ¿Y en cuero?

(Sí).

Material necesario

✗ un paquete de fichas
✗ una sopera no muy alta
✗ un tazón
✗ una taza de café
✗ una mesa, a ser posible redonda
✗ un mantel de hule para proteger la mesa
✗ una hoja de papel de embalar
✗ tijeras
✗ un bloc de notas y un bolígrafo

Blanco a saltos

Dibujaremos un círculo de 70 a 80 cm de diámetro en una hoja papel de embalar y lo colocaremos en el centro de una mesa cubierta con un mantel de hule.

En el centro del círculo colocaremos la sopera y dentro el tazón, que a su vez tendrá en su interior la taza de café. De este modo, tendremos un blanco de tres niveles.

Propondremos una adivinanza o una pregunta para designar al animador que confiará a los seis primeros jugadores una conjunto de fichas y una espátula del mismo color. Los jugadores podrán realizar seis tiros para acertar el centro del blanco: la sopera vale 5 puntos, el tazón 7 y la taza 10. Las fichas que reboten fuera de los blancos y caigan sobre el papel no se recuperarán, pero sí las que caen en la mesa. Cuando se hayan hecho todos los tiros, el animador contará las fichas y anotará la puntuación en el bloc de notas frente al nombre del concursante. Cuando hayan jugado todos, se puede organizar una partida de desempate para elegir al vencedor, que será declarado «tirador de elite».

✗ *papel de carta
y sobres*
✗ *bolígrafos*
✗ *un libro de 200
páginas por lo menos*
✗ *4 canillas vacías*
✗ *12 pajitas*
✗ *un juego de 40
cartas*
✗ *un montón
de pequeñas piedras
de distintos colores*
✗ *una regla*

A la caza del tesoro

Antes de empezar, deberemos redactar las instrucciones de las diez etapas del juego y haremos cuatro copias, una para cada equipo. Colocaremos las hojas en los sobres en donde escribiremos el número correspondiente a la etapa y el signo de reconocimiento de cada equipo (se puede recurrir a los colores de las cartas que deben jugarse).

En el sobre de la primera etapa se tiene que incluir una hoja en la que se habrán dibujado con rotulador tres puntos verdes para un triángulo, cuatro rojos para un cuadrado, cuatro azules para un rectángulo y seis marrones para un hexágono, mezclando los puntos para que las figuras geométricas se entrecrucen.

En el sobre de la segunda etapa se debe colocar una hoja en la que se habrán escrito unos treinta números de seis cifras, entre los cuales por lo menos veinte y no más de veinticinco comprenderán una o varias veces el número 5.

Colocaremos en distintos lugares de la habitación, pero sin esconderlos, cuatro pequeños montones, de distinto color, con las diez primeras cartas del juego.

Escribiremos en la hoja de la séptima etapa la pregunta sobre los nombres de los animales y, en el de la octava, la pregunta «¿cuántos duros hacen falta para tener 100 pesetas?»

Para la undécima etapa, la última, se ha de preparar un único sobre, que hay que esconder, con una hoja en la que se habrá escrito: «¡Felicidades! ¡Habéis encontrado el tesoro!»

Amontonaremos sobre la mesa un buen número de pequeñas piedras de distintos colores y escribiremos, para la novena etapa, la pregunta que está relacionada con ellas.

Los sobres, menos el de la primera etapa, tienen que estar esparcidos por todas partes, pero sin esconderlos.

Formaremos a continuación cuatro equipos y entregaremos a cada uno su símbolo de reconocimiento (por ejemplo, picas, tréboles, etc.).

• **Salida.** Antes de entregar el bolígrafo y el primer sobre, el animador advierte a los equipos que deberán estar siempre unidos y que no se puede dejar a uno de los miembros del equipo ocupándose de una etapa mientras el resto continúa sin él. Después de encontrar el sobre y superar la prueba, cada equipo debe entregar al animador el sobre y los objetos relacionados con él.

- **Primera etapa.** Con un bolígrafo y una regla deben unirse los puntos del mismo color y escribir en el reverso de la hoja el nombre de todas las figuras geométricas que se obtienen de esta forma.

- **Segunda etapa.** Se tacharán todos los números 5.

- **Tercera etapa.** Se colocarán en orden creciente todas las cartas del 1 al 10.

- **Cuarta etapa.** Se abrirá el libro en la página 86 y se escribirá en el diario de caza la primera palabra de la página; se cerrará y se dejará en el lugar donde estaba.

- **Quinta etapa.** Se colocarán cuatro pajas en una canilla.

- **Sexta etapa.** Se realizará un pequeño barco con una hoja de papel.

- **Séptima etapa.** Se escribirá en un diario de caza cinco nombres de animales que tengan cascos.

- **Octava etapa.** Se responderá a la pregunta «¿cuántos duros se necesitan para tener 100 pesetas?»

- **Novena etapa.** Se reunirán 15 pequeñas piedras blancas.

- **Décima etapa.** Se escribirán los nombres de cinco plantas siempre verdes.

- **Undécima etapa.** ¡Felicidades! ¡Habéis encontrado el tesoro!

El equipo que encuentre el undécimo sobre lo entregará enseguida al animador que habrá controlado las distintas pruebas. Si todo va bien, dará una recompensa (el tesoro). Si se han cometido errores, se tendrá que esperar la llegada del segundo equipo y comprobar si merece el título de vencedor. En caso contrario, cuando hayan llegado todos los equipos, se realizará una clasificación y se distribuirán los premios sin olvidar el de consolación.

Material necesario

✗ hojas de papel para fotocopias o cartulina
✗ regla y lápiz
✗ tijeras y bolígrafo
✗ 2 cajas

Lo que utiliza el...

Recortaremos bastantes tarjetitas de 10 × 4 cm en una cartulina o una hoja de papel. En algunas escribiremos el nombre de un oficio (enfermera, carpintero, empleado, albañil, etc.), en las otras, cinco herramientas o instrumentos relativos a esos oficios (jeringa, termómetro, frasco, medicamento, bata; martillo, sierra, lima, papel de lija, taladro; bolígrafo, calculadora, clips, fotocopiadora, registro; trulla, masa, cubo, nivel, pala, etc.).

Colocaremos las tarjetas que indican los oficios (tantos como jugadores más dos) en una caja y en la otra las tarjetas con los nombres de las herramientas.

Propondremos una adivinanza para designar al animador y haremos que los jugadores cojan una tarjeta de la caja de los oficios: cuando ya estén servidos, deberán formar un círculo alrededor del animador, quien tendrá en sus manos la otra caja, la de las herramientas.

El animador da cinco vueltas en el interior del círculo, deteniéndose ante cada jugador que, con los ojos cerrados, toma una tarjeta en la que aparecerá el nombre de una herramienta que no será la adecuada a su oficio.

Cuando se haya terminado la quinta vuelta, el animador volverá al centro y dará la señal para comenzar a intercambiar las tarjetas. Se puede cambiar una inútil para el oficio por otra necesaria; pero cuidado, sólo se podrá intercambiar una cada vez y no será fácil encontrar las propias herramientas, ya que pueden ser útiles para más de un oficio. Los vencedores serán los que consigan reunir las cinco herramientas o, en todo caso, el mayor número posible de ellas.

¡Cuidado con las minas!

Con una tiza o una cinta de color, delimitaremos el perímetro de un campo en el que se deben repartir al azar las latas, que harán de minas. Formaremos dos equipos y propondremos a cada uno de ellos una adivinanza para designar quién empieza a jugar y con otra escogeremos a un «voluntario». El jugador observará la posición de las latas y a continuación se le vendarán los ojos con un pañuelo. Después, tendrá que atravesar el campo de minas sin tropezar con los obstáculos: si lo hiciese, los demás gritarán «boom» y el jugador será eliminado o recibirá un punto de penalización para el equipo. En caso contrario, recibirá una medalla (un tapón de botella). A continuación se pasa al «voluntario» del otro equipo: el ganador es el que sufre menos pérdidas u obtiene menos puntos de penalización. La carrera se puede continuar entre los que han conseguido una medalla hasta que sólo quede uno.

¿Dorso o figura?

Propondremos una adivinanza o plantearemos una pregunta para designar al animador del juego y formaremos dos equipos. Cada equipo escoge la pareja que debe jugar primero mientras todos los demás rodean la mesa.

Haremos que las parejas se sienten frente a frente. El animador dará cinco cartas a cada jugador: quienes tienen la vez colocan una carta sobre la mesa, la esconden con su mano y preguntan: «¿cómo es?». Sus adversarios deberán responder «dorso» o «figura». Al levantar la mano podrá comprobarse si la carta está del derecho o del revés. Si los adversarios han dado la respuesta correcta se llevan la carta. En caso contrario, se queda en poder del otro equipo.

Cada equipo podrá jugar cinco veces. Después, el animador establecerá la puntuación de los equipos según el número de cartas que les quedan en las manos: 2 puntos en caso de que haya una pareja que tenga más; 1 punto cada uno en caso de que haya un empate; y 3 puntos si se diese el caso rarísimo de que una de las parejas se haya quedado con todas las cartas.

Cuando todas las parejas han jugado, el animador suma los puntos: el ganador es el que obtiene la puntuación más elevada y, en caso de igualdad, se realiza un turno de eliminación.

Buena elección

Separar a los jugadores en dos equipos y proponer a cada uno una adivinanza o una pregunta para designar sus respectivos animadores.

Los animadores lanzan una moneda al aire (o la carta) para decidir cuál es el equipo que debe reconstituir la imagen y cuál tiene que dar los cubos. A continuación hacemos sentar al primer equipo mientras el otro se aísla llevándose con él el juego de cubos y las cajas. Protegidos de las miradas indiscretas, el animador reparte los cubos en cuatro cajas y deja las otras dos vacías.

Cuando las cajas ya están cerradas, el equipo se acerca de nuevo a la mesa para presentarlas a los constructores que deben intentar adivinar (quizás estudiando las expresiones de sus adversarios) cuáles son las cajas llenas que permitirán reconstituir la imagen. Si la suerte está de su lado, dispondrán de todos los cubos y ni siquiera tendrán la necesidad de reconstituir la imagen; en caso contrario, tendrán que intentar recomponerla para ver si faltan elementos importantes o partes de los bordes. A continuación comenzará el turno del otro equipo.

El vencedor es el equipo que ha reconstruido las partes más importantes de la imagen.

Para complicar el juego, se utilizarán más cajas y se dejarán más de dos vacías.

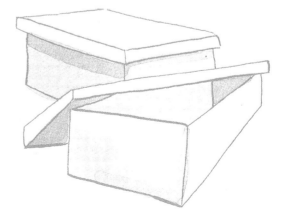

¡Camarero!

Dibujaremos una línea y a 7 metros colocaremos las dos sillas.

Sortearemos los niños que irán a sentarse, que harán de clientes, y los demás formarán equipos de camareros que se pondrán en fila junto a la salida, frente a las sillas.

Entregaremos al primero de cada una de las filas una bandeja con una pelota de tenis encima. Cuando los clientes los llamen, los camareros tendrán que dirigirse hacia ellos manteniendo la bandeja en la palma de la mano, a la altura de su hombro, sin perder la pelota. Han de ser rápidos. De los dos, el ganador es el que llega el primero sin haber perdido la pelota, haciendo ganar un punto a su propio equipo.

Al final, el ganador es el que ha conseguido el mayor número de puntos.

¡Qué vista!

Propondremos una adivinanza o plantearemos una pregunta para designar al animador del juego, que hará de bibliotecario y se encargará de distribuir bolígrafos y hojas de papel a sus compañeros, que escribirán su nombre encima.

El animador toma un libro y lo enseña por todos los lados: según su grosor, los jugadores intentarán adivinar el número de páginas, que anotarán en una hoja.

El animador recogerá las hojas y enseñará la última página: el jugador que se haya aproximado más, ganará.

El vencedor cogerá otro libro y será el bibliotecario de la partida siguiente, entregando su hoja a los jugadores que tacharán la primera cifra para no equivocarse y que intentarán adivinar cuántas hojas tiene el nuevo libro.

Si los jugadores son muchos, prepararemos con el papel de embalaje una gran pancarta en la que haya escritos los nombres de todos los participantes en una columna. El animador escribirá en las casillas correspondientes los pronósticos de cada uno.

En cada nueva competición se añadirá una columna en el panel, que deberá ser lo suficientemente grande para que puedan registrarse varias partidas.

NOMBRES	COMPETICIÓN					
	1.°	2.°	3.°	4.°	5.°	6.°
Andrés						
Francisca						
Pedro						
Elisa						
Antonia						
Patricia						
Lucas						

La carrera de la moneda

Material necesario

✗ *2 vasos idénticos*
✗ *8 duros*
✗ *2 pesetas*
✗ *una mesa y un mantel*
✗ *2 sillas*

Colocaremos el mantel en la mesa y encima los vasos girados a 1,30 m uno del otro. Los dos vasos se colocan sobre dos soportes formados por los duros. En el centro, debajo de cada vaso, se pondrá una peseta. Delante de cada vaso se colocará una silla.

Se propondrá una adivinanza o se planteará una pregunta para designar al animador y se optará por el juego en equipo, en parejas o individualmente.

El animador utilizará un cuaderno para tomar notas y se colocará al lado de las sillas en las que se sentarán los jugadores para controlar la competición, que empezará cuando él dé la señal. Con una mano, colocada a unos 20 cm de su propio vaso, cada participante tendrá que empezar a «rascar» el mantel con un dedo intentando atraer la peseta para que salga de debajo del vaso sin tocarla.

En el momento en que una moneda sale de debajo del vaso, el animador detiene la competición y da la victoria al mejor «rascador»: en caso de igualdad, se puede hacer una eliminatoria o conformarse con un premio *ex aequo*.

Material necesario

✗ un juego de 40 cartas
✗ un bloc de notas y un bolígrafo

Cucú

Propondremos a los jugadores, que no pueden ser más de treinta y cinco, una adivinanza o plantearemos una pregunta para designar al animador a quien se entregará el juego de cartas.

Los jugadores se sientan en círculo a un paso uno del otro y dejando algún sitio vacío. En el centro, el animador mezcla las cartas y hace que uno de los jugadores las corte. Empezando por la izquierda del lugar que está vacío, reparte las cartas, dando una a cada participante, que la mira para conocer su valor sin que los demás la vean. Cuando ha terminado el reparto, el animador guarda el mazo y se sienta en el lugar vacío. El juego consiste en no quedarse con una carta sin valor. El primer jugador al que se le ha dado una carta empieza y, si lo cree necesario, se dirige a su compañero de la izquierda y le propone un cambio, esperando que él tenga una más alta.

Este jugador está obligado a dar su carta y a quedarse con la de su compañero: si ha perdido con el cambio o se encuentra en la misma situación, se dirige a su compañero de la izquierda para proponerle otro cambio.

Los intercambios continúan hasta que le llega al turno a un jugador que posee un rey. Este muestra su carta mientras dice «¡cucú!».

El intercambio continúa con su vecino de la izquierda si lo necesita; en caso contrario, el jugador pasa y es el turno del vecino de su izquierda. De este modo se continúa hasta que llega el turno del animador que, si ha tenido que aceptar un intercambio y posee una carta de la que no está satisfecho, puede cambiarla con la primera del montón que le ha quedado después de repartir.

Al final de cada vuelta, el que se ha quedado con la carta más baja entre las manos puede retirarse durante dos vueltas o permanecer en el juego después de haber pagado una prenda. En cada nueva partida, el animador pasa el montón de cartas a su vecino de la izquierda si no tiene la carta más baja.

¿Quizá sea...?

El animador del juego debe estar dotado de un gran talento para la animación y ser capaz de presentar los objetos de forma algo ambigua, quizá sea mejor un adulto, a ser posible divertido.

Organizaremos a los jugadores por parejas o si se quiere conseguir que el juego sea más divertido en dos equipos (más o menos equivalentes en cuanto a la edad y al número) que deben salir de la habitación.

Cuando se haya quedado solo, el animador observa los objetos que se encuentran en la habitación y, si es necesario, coloca otros que tengan una cierta relación entre ellos. Los equipos vuelven a entrar y el animador describe uno de los objetos que deben reconocerse, pero de forma vaga para poner a prueba la intuición de los jugadores de los dos equipos: las preguntas no se admiten, pero se pueden poner de acuerdo sin que el adversario los oiga.

Cuando el equipo está seguro de haber identificado el objeto, uno de los miembros dice el nombre. Si se equivoca, recibe un punto de penalización.

En cambio, si los dos equipos se encuentran en dificultades, el animador puede dar otras informaciones: el equipo que lo adivina gana un punto.

Entonces se puede pasar a otro objeto y organizar tantos juegos como objetos haya para adivinar: el equipo ganador es el que acumula más puntos después de eliminar las penalizaciones.

Las cabelleras

Colocaremos los pañuelos o las bandas de tela, las cabelleras, en la cintura de dos jugadores que se pueden escoger con adivinanzas; los demás los rodean.

Los dos jugadores en el centro del círculo, después de prometerse lealtad y protección, intentan atrapar la cabellera del otro: sólo tomando una punta ya se considera capturada.

Para intentar defender su cabellera el mayor tiempo posible, es necesario ponerse frente al adversario y no girarse para escapar, sea cual fuere su maniobra.

La victoria de uno de los dos concluye tras la primera ronda, que irá seguida de otras hasta que ya no queden adversarios.

El detective

El juego podría ser también individual, pero sería menos divertido. Por lo tanto, es preciso formar equipos de cuatro o cinco jugadores (que podrán reunirse en un rincón tranquilo para discutir entre ellos, sin molestar a los demás) y entregar a cada uno un bolígrafo y una copia de la siguiente carta.

Querido Juan,

Me gustaría contarte lo que me sucedió el domingo pasado.

Hacía buen día y decidí aprovecharlo para salir a dar una vuelta mientras iba a comprar mi periódico habitual y a hacer mis compras.

Acababa de cruzar el portal de casa cuando me di cuenta de que me había olvidado mi paraguas y volví a buscarlo pasando por delante de la garita de la portera, que los domingos no está allí. A continuación me dirigí al quiosco donde compro normalmente el periódico, pero ya no le quedaban, por lo que compré una revista.

Al llegar al supermercado me di cuenta de que la puerta de hierro estaba destrozada y que había señales de pintura negra. Al lado había un policía que tomaba notas y que me dijo que los daños habían sido provocados por un coche que su propietario quería aparcar sobre la acera; no me costó mucho reconocer al coche en cuestión, de color marrón, con el techo abollado, aparcado unos metros más allá.

Volví atrás otra vez recorriendo de nuevo los 2 km que me separaban de mi casa. Pero allí también me esperaban algunas emociones: la puerta estaba entreabierta y en el interior reinaba un desorden que no puedes ni imaginarte. Tal como puedes suponer, mi querido José, durante mi ausencia unos ladrones habían entrado en mi casa.

Asustada, pregunté a la portera, quien me dijo que había visto pasar por delante de su garita un obrero con el mono de la compañía de teléfonos y que no había sospechado de él porque había pensado que venía a hacer algún trabajo.

Por suerte no tengo nunca dinero en metálico ni joyas en casa, lo que hizo que el robo se redujera a algunos millones de pesetas y a un collar de perlas montado en oro; pero ya te lo contaré mejor cuando nos veamos.

Por ahora, te saludo cordialmente como siempre,

Marcos

Como ya se habrá comprobado, existen algunas incoherencias en esta carta, concretamente trece (algunas ligeras, otras bastante graves como para imaginar que alguna cosa se esconde detrás), y los equipos tienen que encontrarlas y señalarlas con el bolígrafo rojo.

1. Si hace buen día, el paraguas es inútil.
2. El domingo los supermercados están cerrados.
3. Si se quiere comprar un periódico y no se encuentra, en su lugar nadie se compra una revista.
4. No se puede destrozar una puerta de hierro haciendo una maniobra de aparcamiento.
5. En una colisión de ese tipo, el techo no puede abollarse, más bien sería el parachoques.
6. En la puerta, hay restos de barniz negro y el coche es marrón.
7. La vuelta se convierte en 2 km.
8. El domingo, la portera no está.
9. La compañía de teléfonos no envía a los obreros a trabajar un domingo.
10. Al destinatario de la carta, Juan, se le llama más adelante José.
11. No tenía dinero en casa pero el robo es de unos cuantos millones.
12. Tampoco había joyas pero le desaparece un collar de perlas montadas en oro.
13. La persona que habla lo hace como si fuera una mujer y firma como «Marcos».

Evidentemente, el equipo que encuentre más incoherencias es el que gana.

Dibujar es ganar

Dibujaremos dos líneas en cruz en el papel y lo colgaremos en la pared o en una puerta con cinta adhesiva. Buscaremos entre los jugadores uno que sepa dibujar un poco.

Cuando todos los demás están instalados de forma que puedan ver bien la «pantalla», el dibujante dice sólo si se trata de un refrán, de una película o de una canción, etc. Luego empieza a dibujar uno de los temas; aunque para que la identificación sea más difícil, lo hace empezando por las partes menos significativas y añadiendo los detalles poco a poco. El primero que adivina lo que es y acierta el nombre de la película o del refrán, se convierte en el dibujante de la siguiente partida, pero puede hacer que alguien le reemplace si no quiere dibujar.

Las ánforas

Escogeremos entre los jugadores más pequeños a los que harán de ánforas, y a un animador, que será designado mediante una adivinanza y tendrá que verificar el buen funcionamiento del juego (que no podrá sobrepasar los 15-20 minutos), apuntando los viajes que han llegado a su destino y dando la señal de final. Dividiremos a continuación los jugadores restantes, que serán los más fuertes, en dos equipos en los que se tienen que formar las parejas de porteadores.

Con la tiza o la cinta adhesiva marcaremos la línea de salida y, a una buena distancia, la de llegada, en la que se tienen que colocar los cojines o las alfombras. En la salida colocaremos un «ánfora» (los niños tienen que sujetarse las piernas por debajo de las rodillas, con los codos separados, para formar el asa) y, en los lados los dos portadores la levantarán colocando sus brazos en las asas y la colocarán sobre los cojines en la línea de meta. Mientras tanto, en la salida, se prepara otra ánfora y cuando la primera ha llegado a su lugar, los portadores volverán rápidamente para coger la segunda. Los trayectos en que el ánfora toque el suelo o no se deje con delicadeza no puntuarán.

Cuando la primera pareja muestra signos de cansancio, puede ser sustituida por otra ya preparada en la línea de salida esperando que le toquen en el hombro antes de salir.

Cuando ya se ha terminado el tiempo, es el turno de otro equipo: el ganador es el que consigue realizar más transportes correctos.

Las asociaciones

Propondremos una adivinanza o plantearemos una pregunta para designar al animador del juego. A continuación, formaremos dos equipos que se colocarán alrededor de la mesa.

El animador dirá una palabra y, en tres minutos, los equipos deberán encontrar el mayor número de términos que pueden asociarse. Sin dejar que los adversarios les oigan, habrán de sugerirlos al que apunta en la hoja.

Cuando el tiempo haya terminado, el animador del juego retirará la hoja y, si las asociaciones no le parecen claras, pedirá explicaciones. Eliminará las respuestas demasiado forzadas y dará un punto por cada respuesta correcta. El equipo ganador será el que obtenga el mayor número de puntos.

El hombrecillo

El animador del juego debe ser alguien activo y despierto, capaz de hacer dos cosas al mismo tiempo. Sin embargo, si se prefiere, puede proponerse una adivinanza.

El animador del juego establece con el grupo cómo deberá ser el hombrecillo que debe dibujar: su tamaño, sus rasgos, etc.

A continuación, dibuja en la hoja de papel, de forma visible para todo el mundo, señales que simbolizan todas las letras de una frase secreta en la que él ha pensado, dejando un espacio entre cada palabra. Luego, en otra parte de la hoja, empieza a dibujar al hombrecillo. Al mismo tiempo, un jugador nombra una letra del alfabeto y si esta se utiliza en la frase, el animador deberá abandonar el dibujo del hombrecillo y colocar la letra en el lugar que ocupa en la frase. Si la letra no aparece en la frase, continuará dibujando mientras otro jugador prueba suerte proponiendo otra letra.

A medida que se avanza en el juego, aparecen fragmentos de frases mientras el dibujo progresa. Si un jugador comprende el sentido de la frase antes de que esté acabada, la dice en voz alta y, si acierta, será el siguiente animador. En caso contrario, el animador continuará dibujando y, si acaba antes de que la frase haya sido adivinada, volverá a ser el dibujante en la partida siguiente.

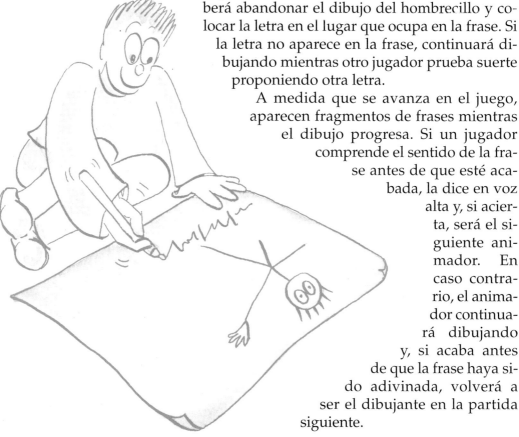

Orientación

Propondremos una adivinanza o plantearemos una pregunta para designar al animador que, con la hoja y el lápiz en mano, tiene que alejarse del grupo y dibujar una figura estilizada que se adapte a la cuadrícula.

Repartiremos las hojas y los lápices a los jugadores y los instalaremos en alguna parte.

El animador, después de terminar el dibujo, dará a los jugadores las orientaciones necesarias refiriéndose a los puntos cardinales para que realicen el mismo dibujo que él. Hará una pausa tras cada indicación para que los jugadores puedan ejecutarla.

Teniendo en cuenta que la parte superior de la hoja es el norte, los jugadores avanzarán desde un punto localizable con la ayuda de un lápiz repasando los bordes de los cuadros, según las indicaciones que proporcionará el animador, como, por ejemplo, «tres cuadros al oeste», «dos al sureste», «cinco al sur», etc.

Quien consiga adivinar la figura antes de terminarla o el que la dibuje mejor, será el animador de la siguiente partida.

✗ un cuarto de hoja
de papel de embalaje
blanco
✗ un rotulador rojo
y uno azul
✗ cinta adhesiva
✗ bloc de notas
y bolígrafo

Empecemos por el principio

Formaremos dos equipos de jugadores, más o menos de la misma edad y designaremos un animador, que deberá otorgar las categorías a las que pertenecen las palabras que se tienen que escribir.

Los equipos dibujan tantas columnas como categorías hay en su hoja y la cuelgan de la pared con cinta adhesiva. A continuación, escogen el color de su rotulador.

El animador dice una letra (que no sea de las más fáciles) y la categoría a la que deben pertenecer las palabras que han de encontrarse (por ejemplo: «E, ciudad»). En un tiempo muy breve (cinco segundos), los jugadores tienen que escribir un nombre en la columna adecuada: a medida que el animador da las letras, se añaden nombres en todas las categorías.

Después de veinte letras o tras un tiempo determinado (cinco minutos), el animador deberá comprobar cada uno de los nombres: los que están escritos correctamente en la columna adecuada valen un punto cada uno. Los incompletos o los que están escritos en una columna equivocada no cuentan. La victoria la consigue el equipo que obtiene la puntuación más alta.

También se puede dar una hoja y un lápiz a cada participante y jugar individualmente, poniendo el nombre de cada jugador en el dorso de la hoja.

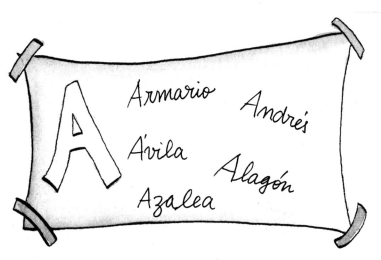

NOMBRE COMÚN	NOMBRE PROPIO	NOMBRE DE CIUDAD	RÍO	PLANTA O FLOR	PUNTOS

Pie de hierro

Con tiza o con cinta adhesiva, delimitaremos un cuadrilátero de 2 o 3 m de lado. A continuación, propondremos una adivinanza o plantearemos una pregunta para designar al animador que formará las parejas, según edad, tamaño y peso. Los participantes rodean el *ring* en el que se sitúa la primera pareja que se coloca en la salida: los adversarios se sujetan por la mano derecha y, apoyándose sobre el pie izquierdo, colocan la parte exterior de su pie derecho contra el del otro jugador.

El árbitro comprueba la posición y da la señal de partida.

Estirando y empujando el brazo derecho, los combatientes intentarán que su adversario pierda el equilibrio hasta que su pie derecho resbale. Sin embargo, hacer que se ría o empujarlo demasiado fuerte son comportamientos que provocan la descalificación. Si uno de los adversarios mantiene el contacto del pie pero colocando una mano en el suelo o en otra parte del cuerpo, el árbitro cuenta hasta tres para darle la posibilidad de ponerse de nuevo en pie y empezar el combate otra vez. Si no lo consigue, queda eliminado. El vencedor es el que, durante el tiempo establecido, ha sabido mantener firmemente la posición de su pie como si fuera de hierro. El desafío puede continuar con semifinales y finales hasta que se reconozca a un vencedor absoluto.

Material necesario

✗ 2 folios
✗ 2 bolígrafos

Poetas en ciernes

Propondremos una adivinanza o una pregunta para designar al animador, que hará de juez y formará dos equipos de jugadores a los que entrega una hoja y un bolígrafo.

En la hoja, en cinco minutos, cada equipo tiene que componer una estrofa de cuatro versos acabados en rimas cruzadas: el primer verso con el tercero, y el segundo con el cuarto (por ejemplo: lana, pasión, cana, canción).

Cuando el tiempo haya terminado, el juez recoge las copias: si uno de los equipos no ha acabado se le declara perdedor; en cambio, si los dos equipos han terminado, lee en voz alta las dos estrofas y premia, según su juicio, la mejor, la más bonita y la más lírica.

La competición continúa hasta que la inspiración poética se agote. Si los equipos están formados por verdaderos poetas, puede complicarse con el intercambio de las hojas en las que cada equipo escribirá cuatro palabras que deben colocarse en las rimas: los equipos tienen que crear entonces su poesía a partir de las rimas establecidas por su adversario.

La sota de trébol

Se retira una carta de un juego de cartas sin mirarla y se aparta. Todos los jugadores forman un círculo. Se empieza sacando a suertes a la persona que deberá distribuir las cartas a todos los jugadores; estas se habrán mezclado bien, unas después de las otras. El objetivo es librarse lo más rápido que sea posible de las cartas formando parejas por color: por ejemplo, el siete de rombos y el siete de corazones, el rey de picas y el rey de tréboles, etc.

Los jugadores miran su juego y dejan todas las parejas que pueden formar mostrándolas a los demás. El vecino de la derecha del que ha distribuido juega cogiendo al azar en el juego de este último, sin ver la carta que escoge. Si puede hacer una pareja, la coloca en la mesa y presenta el dorso de sus cartas al vecino de la derecha que escoge una de las suyas. Si no logra hacer una pareja, presenta su juego a su vecino de la derecha, etc. Pierde el que tiene la última carta que no puede emparejar la «sota de trébol».

Sniff, sniff

Propondremos una adivinanza o plantearemos una pregunta para designar al animador y formar las parejas que tienen que salir de la habitación; mientras, el animador cortará las cebollas en dos y, tras memorizar el número de pedazos, las esconderá.

A continuación se hacen entrar las parejas. Los jugadores tienen que fiarse de su olfato, incluso ponerse a cuatro patas, para encontrar los trozos de cebolla: la pareja ganadora es la que encuentra más pedazos.

✗ 20 canicas más una por cada jugador
✗ una pelota de ping-pong
✗ tiza o cinta adhesiva de color

Una partida de billar

Marcaremos la línea de tiro con tiza o un pedazo de cinta adhesiva y a 2 o 3 m de distancia, colocaremos una pelota de ping-pong alrededor de la cual dispondremos varias canicas en círculo, a unos 20 cm de distancia.

Mediante adivinanzas estableceremos el orden en el que los jugadores pasan y dar la señal del comienzo de la partida.

El jugador, de rodillas sobre la línea de tiro, tiene que apuntar a la pelota de ping-pong, el blanco, utilizando una canica: si no consigue golpearla la primera vez, tiene que dejar de jugar y abandonar su canica; en cambio, si lo consigue, se desplaza para estar más cerca de su canica y la utiliza de nuevo en este caso para golpear las canicas que forman el círculo; si lo consigue, se queda todas las canicas que ha movido.

Los siguientes jugadores se encontrarán con un círculo de canicas incompleto, pero si tocan el blanco tendrán derecho a las canicas abandonadas por los jugadores más patosos. El vencedor es el que tiene más canicas.

Material necesario

✗ una pelota

Buena respuesta... felicidades

Propondremos una adivinanza o plantearemos una pregunta escogiendo las más difíciles puesto que el animador del juego escogido se convertirá en el profesor.

Después de escoger el tema (por ejemplo, historia), el profesor, con el balón en la mano, se coloca en el centro del círculo formado por los jugadores y lanza la pelota a uno preguntándole, por ejemplo, la fecha de nacimiento de un personaje histórico: si el jugador al que la pelota ha sido lanzada la atrapa y sabe responder, la vuelve a lanzar al profesor que la lanza a otro; si no consigue atraparla o da una respuesta incorrecta queda expulsado, y pasa a ser espectador hasta que la partida acaba y los tres últimos jugadores son declarados vencedores.

La palabra es...

Propondremos una adivinanza o plantearemos una pregunta para designar al animador (en este caso el descifrador de mensajes) y haremos que salga de la habitación.

Después de cerrar la puerta para que no oiga nada, los demás se ponen de acuerdo en una palabra: un verbo, un adjetivo, etc., pero no conjunciones ni adverbios. Se le llama de nuevo para que entre y el descifrador indica al jugador que tiene que decir una frase de entre ocho y diez palabras, entre las cuales se encontrará la que se debe adivinar: la habilidad de los jugadores consiste en formular frases con sentido, complejas y bastante abstractas.

El descifrador toma nota de lo que oye y designa a otro jugador que ha de decir otra frase en la que encontrará de nuevo la palabra secreta, etc. Cuando el descifrador piense que ha encontrado la palabra, dirá «la palabra es...»; si no la ha adivinado, para ser admitido de nuevo en el juego tendrá que pagar una prenda; en cambio, si acierta, el jugador interrogado el primero será el descifrador.

Material necesario

✗ una pluma (incluso de papel de seda)

La pluma

Propondremos una adivinanza para designar al animador del juego, quien utilizará la pluma.

Los jugadores pueden actuar de forma individual o por equipos. En ese caso, los de un equipo serán espectadores, sentados en semicírculo, mientras que los del otro se presentarán, uno por uno, ante el animador del juego.

El jugador que se encuentra en el banquillo tiene que estar de pie, con los ojos cerrados, intentando permanecer impasible, el tiempo que se cuenta hasta diez mientras el animador del juego le hace cosquillas con la pluma, tocándole donde quiera salvo en los ojos. El vencedor es el que consigue no moverse, ni siquiera un músculo (según la opinión del público, compuesto por los adversarios).

Cuando todos los jugadores de un equipo han pasado se continúa con el equipo siguiente: el equipo ganador es el que totaliza el mayor número de victorias.

■ Las prendas

Las prendas tienen que ser vividas por los niños no como una prueba que señala su fracaso, sino como una ocasión para divertirse y divertir a los demás.

Quién dirige

¿Quién no es capaz de dirigir a sus propios brazos y piernas? ¡Verlo para creerlo! La cuestión, por muy rara que pueda parecer, tendrá una respuesta sorprendente si se plantea con una prenda divertida. El que tiene que pagar la prenda extenderá hacia delante la pierna y el brazo derechos (o izquierdo si es zurdo), y dibujará con las puntas de sus miembros círculos imaginarios en el aire, haciendo girar la mano en el sentido inverso del pie.

El canguro

El penitente tiene que recorrer unos 10 m (los más «viejos» pueden llegar hasta quince), saltando con los pies juntos como los canguros.

A continuación se gira y, sin perder el equilibrio, vuelve hacia atrás de la misma forma: el que no lo consigue empieza la prueba una segunda vez.

El dromedario

Al que le toca esta prenda tiene que ponerse «a cuatro patas» y, con un cojín en la espalda, dar una vuelta alrededor de una mesa, caminando como un dromedario, es decir, avanzando cada vez los dos miembros de un mismo lado: el problema es no perder el cojín.

El zancudo

La prenda se paga en dos veces, cada una durante el tiempo que se cuenta de 1 a 10 que efectúan todos los jugadores al mismo tiempo. Durante el primer tiempo el penitente se mantiene en equilibrio, de pie sobre una pierna, y, durante el segundo, cambia de pierna.

El momento crítico es el del cambio de pierna que tiene que hacerse sin poner los dos pies en el suelo y saltando de un pie al otro: el que toca el suelo durante los dos tiempos o en el cambio vuelve a empezar desde el principio.

La pelota en el túnel

Es necesario que todos los jugadores colaboren para esta prenda colocándose en fila india con las piernas ligeramente separadas: la distancia de uno a otro (si los jugadores son pocos, es de dos o tres pasos; en caso contrario, de uno solo) forma el túnel por el que la pelota tiene que pasar. El penitente se coloca en el extremo de la fila y lanza la pelota de forma que entre en el túnel y salga. Tiene que realizar cinco tiros perfectos.

Las horcas caudinas

Dos jugadores sujetan una cuerda tensada a la altura del pecho del penitente que, con los brazos estirados hacia delante y con una pelota entre las manos, tiene que pasar por debajo sin tocarla.

El penitente tiene que doblar las rodillas y mantener el tronco recto, sin bajar la cabeza: después de pasar la cuerda sin tocarla se tiene que incorporar unos pasos más adelante, girarse y volver sobre sus pasos: si toca la cuerda o si pierde el equilibrio tiene que volver a empezar.

El elegante

La prenda consiste en realizar un recorrido de diez pasos imaginando que se realizan en el fango. Para evitar ensuciarse los zapatos, el elegante tendrá que utilizar dos hojas de periódico dobladas en cuatro pedazos sobre las que posará los pies. Cuando el primer periódico está en el suelo coloca un pie encima y, manteniéndose en equilibrio sobre ese pie, colocará delante suyo otra hoja de periódico para poner el otro pie y avanzar de esta forma durante todo el recorrido, sin pisar el suelo directamente. Si se equivoca, deberá volver a empezar desde el principio.

El zoólogo

El jugador que tiene que pagar esta prenda imagina que se encuentra en un zoo con animales encarnados por sus amigos, a cada uno de los cuales pregunta «¿quién eres tú?». El interrogado responde con el grito del animal del que el zoólogo tiene que adivinar el nombre.

Barbilla y frente

Aunque después de leer esta prenda parezca muy fácil, es mejor esperar a constatar lo que ocurre en la práctica.

El penitente tiene que realizar lo más rápido posible y sin equivocarse cuatro secuencias de ocho gestos:

— palmadas por delante;
— tocarse la barbilla con la mano derecha;
— palmadas por delante;
— tocarse la barbilla con la mano izquierda;
— palmadas por delante;
— tocarse la frente con la mano derecha;
— palmadas por delante;
— tocarse la frente con la mano izquierda.

¡Cuidado con la pelota!

Se necesita una pelota de tenis o de un tamaño similar: el penitente tiene que lanzarla al aire (lejos de las lámparas y de los objetos frágiles y otros espejos), dar una palmada y recogerla al vuelo diez veces seguidas. Se puede complicar la prenda pidiendo dar dos o tres palmadas mientras la pelota está en el aire.

Puntas y talones

El penitente tiene que caminar sobre la punta de los pies siguiendo una línea de entre 6 y 7 m, luego dar media vuelta y volver sobre sus pasos caminando sobre los talones: si se equivoca o se sale de la línea empieza desde el principio.

■ Los premios

A esta edad, la mayoría de las veces no habrá que recurrir a los premios que permiten para estimular la participación puesto que los niños afrontan conscientemente la competición y saben que el resultado depende de ellos.

Tienen el sentido del equipo por el cual están dispuestos a luchar: ganar cualquier batalla de grupo les llena de orgullo y recibir un pequeño objeto de recuerdo de una victoria colectiva les gustará mucho.

El hecho de confiar un papel «responsable» en los distintos juegos es a menudo más apreciado que cualquier otra forma de reconocimiento; para cada competición es necesario pensar en un pequeño regalo baratillo, y mejor si es útil, como un lápiz o un bolígrafo, postales o tarjetas telefónicas para coleccionar, etc.

De todos modos, los niños son muy sensibles a las menciones de honor y, por lo tanto, se pueden preparar pequeños diplomas fabricándolos con cartón y pintándolos con rotuladores, con una cita de los miembros del equipo y añadiendo un pequeño brazalete de cartulina con el símbolo de la victoria en el juego.

Finalmente, puede hacerse un brindis por la victoria, pues aunque sea con soda, será muy apreciado.

Índice de los preparativos

Índice de las recetas

Índice de los juegos

HASTA LOS SEIS AÑOS

DE SEIS A NUEVE AÑOS

Impreso en España por
HUROPE, S. L.
Lima, 3 bis
08030 Barcelona